No princípio,
o Verbo!

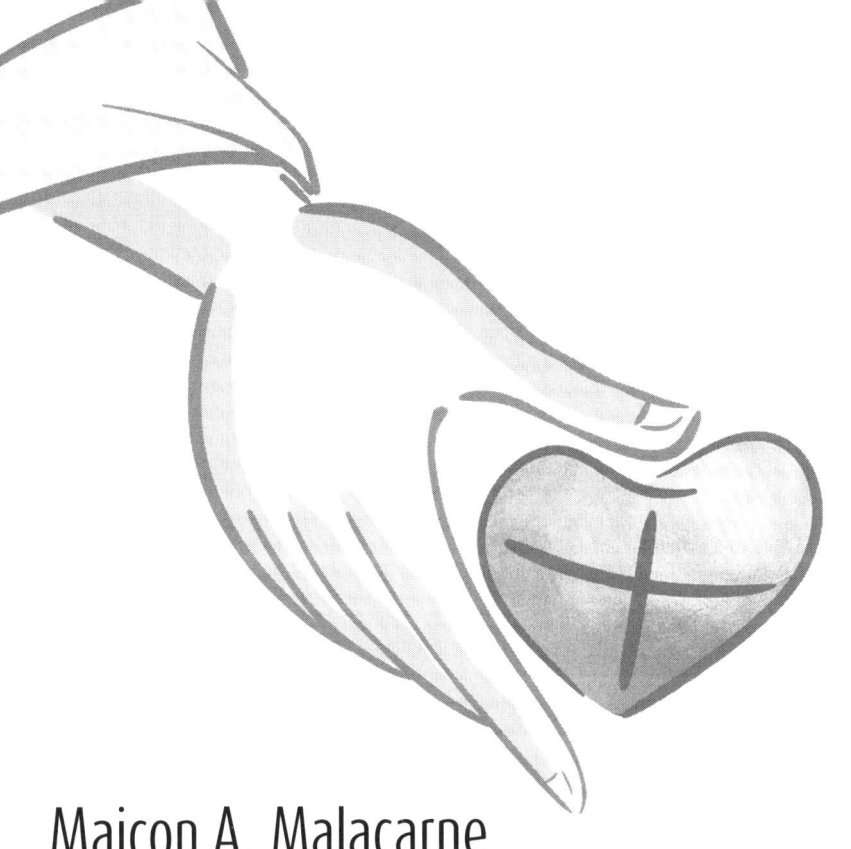

Maicon A. Malacarne

No princípio, o Verbo!

Edições Loyola

Dados Internacionais de Catalogação na Publicação (CIP)
(Câmara Brasileira do Livro, SP, Brasil)

Malacarne, Maicon André
  No princípio, o Verbo! / Maicon André Malacarne. -- São Paulo :
Edições Loyola, 2024.
  -- (Espiritualidade cristã)
  Bibliografia.
  ISBN 978-65-5504-351-8
  1. Cristianismo - Meditação 2. Deus (Cristianismo) - Amor - Meditações 3. Espiritualidade 4. Palavra de Deus I. Título. II. Série.

24-197727   CDD-242

Índices para catálogo sistemático:
1. Meditações : Cristianismo   242
    Eliane de Freitas Leite - Bibliotecária - CRB 8/8415

Capa: Ronaldo Hideo Inoue
Composição sobre a ilustração
de © Lúcio Américo de Oliveira.
Diagramação: Desígnios Editoriais

Edições Loyola Jesuítas
Rua 1822 n° 341 – Ipiranga
04216-000 São Paulo, SP
T 55 11 3385 8500/8501, 2063 4275
editorial@loyola.com.br
vendas@loyola.com.br
www.loyola.com.br

Todos os direitos reservados. Nenhuma parte desta obra pode ser reproduzida ou transmitida por qualquer forma e/ou quaisquer meios (eletrônico ou mecânico, incluindo fotocópia e gravação) ou arquivada em qualquer sistema ou banco de dados sem permissão escrita da Editora.

ISBN 978-65-5504-351-8

© EDIÇÕES LOYOLA, São Paulo, Brasil, 2024

Sumário

Apresentação	9
Nota introdutória	15
Ressuscitar	17
Vestir	19
Tocar	21
Sobressaltar	23
Identificar	25
Buscar	27
Escalar	29
Erguer	31
Abaixar-se	33
Converter-se	35
Perfumar	37
Estar à mesa	39
Assumir	41
Acender	43
Integrar	45
Transformar	47
Recomeçar	49
Ficar	51
Entrar	53
Escolher	55

Amadurecer	57
Serenar	59
Atravessar	61
Aprofundar	63
Purificar	65
Pedir	67
Distanciar-se	69
Abrir	71
Acreditar	73
Servir	75
Ampliar	77
Acolher	79
Conviver	81
Construir	83
Comunicar	85
Vislumbrar	87
Cruzar	89
Visitar	91
Deslumbrar	93
Caminhar	95
Trabalhar	97
Praticar	99
Arriscar-se	101
Primeirear	103
Ajudar	105
Escutar	107
Humanizar	109
Libertar-se	111
Desejar	113
Sentir	115
Levantar-se	117
Expandir-se	119

Desacomodar-se 121
Contrariar 123
Enfrentar 125
Frutificar 127
Consolar 129
Alargar 131
Inverter 133
Aceitar 135
Aproximar 137
Arrepender-se 139
Esperar 141
Oferecer 143
Movimentar-se 145
Adentrar 147
Esvaziar-se 149
Experimentar 151
Crescer 153
Agir 157
Desinstalar-se 159
Agregar 161
Alcançar 163
Sensibilizar-se 165
Abrandar 167
Tecer 169
Descansar 171
Amparar 173
Semear 175
Formar 177
Conformar-se 179
Optar 181
Repartir 183
Saltar 185
Aumentar 187

Transfigurar-se 189
Aprender 191
Entregar 193
Fazer 195
Unificar 197
Ser 199
Amplificar 201
Ganhar 203
Elevar-se 205
Lutar 207
Salvar 209
Desarmar 211
Discernir 213
Testemunhar 215
Configurar-se 217
Moldar-se 219
Descobrir 221
Questionar 223
Silenciar 225
Relacionar-se 227
Reiniciar 229
Contemplar 231
Iluminar 233
Habitar 235
Fecundar 237
Permanecer 239
Rezar 241
Ultrapassar 243
Ascender 245
Incendiar 247

Referências bibliográficas 249

Apresentação

Verbalizar o que esta obra provoca ao ser lida é uma grande alegria para mim, seja pela amizade com o Pe. Maicon, seja pela riqueza e profundidade de suas palavras, compartilhadas generosamente na internet e agora também neste livro. Na realidade, mais do que apenas provocar, "no princípio, o Verbo" *con-voca* a uma vida nova, a um estilo novo de viver, seguindo os passos de Jesus. Cada verbo escolhido como título destes capítulos é um convite a nos pormos em movimento rumo ao encontro com o Verbo divino, a fim de viver a mensagem do evangelho em nosso dia a dia. Como o próprio Pe. Maicon escreve, suas meditações desejam ser – e, de fato, são – "facilitadoras para uma vida orante".

Ler estas páginas, portanto, é um exercício espiritual, centrado em Jesus. Acompanhando Madalena, Pedro e o discípulo amado na corrida ao sepulcro vazio, o autor nos ajuda a compreender que a primeira atitude pascal é um movimento: buscar Jesus Cristo. A obra nos leva, assim, a explorar a riqueza e a profundidade da espiritualidade cristã, a partir do seguimento ao Mestre, convidando-nos a assumir a "vocação de buscadores". Nesta leitura-oração, experimenta-se que "rezar é expandir a vida [...], tornar-se receptivo a Deus [...], para que Deus seja em nós".

No princípio, o Verbo!

"Ressuscitar" e "incendiar" são os verbos que abrem e concluem, respectivamente, esta obra, escrita em uma linguagem simples e ao mesmo tempo profunda. As reflexões articulam-se em torno dos mo(vi)mentos cruciais da Ressurreição de Jesus e do Pentecostes. Em meio a essa "movimentação" – na feliz expressão de Guimarães Rosa, retomada por Pe. Maicon – do fogo do amor divino que se irradia por todas as direções, cada verbo meditado "é um convite ao paradoxo de, no viver cotidiano, permitir a Deus viver em nós", afirma o autor. E "onde a vida é aumentada, plenificada, ali estão as sementes da ação de Deus".

Amar para ser como Deus, portanto, é o convite que se reitera ao longo das páginas: o Deus verbalizado por estas meditações é puro amor. Em uma formulação de grande ternura, Pe. Maicon escreve que, "quando se dá a mão a Deus, ele não larga facilmente", citando o escritor francês Julien Green. Segundo a experiência cristã, "o coração de Jesus foi sempre desejante de vida e sempre aberto ao outro, sem nenhum tipo de discriminação e de preconceito. O fechamento ao amor é próprio do antirreino", diz Pe. Maicon. O convite é a "divinizar todo o universo", nas palavras do padre e teólogo francês Teilhard de Chardin, citadas no livro. Só assim será possível viver em um mundo transfigurado, "onde cada pessoa poderá dizer, sem dificuldade: 'é bom estar aqui!'". Enquanto essa frase não estiver na boca de todas as pessoas em todo o mundo, o reinado do Deus revelado em Jesus não estará plenamente realizado.

Humanizar a Deus, por sua vez, pode soar como uma tentativa humana de inferiorizar e rebaixar o divino. Mas, pelo contrário, foi o que a própria pessoa de Jesus experimentou e revelou em sua carne, e é o que este livro busca

APRESENTAÇÃO

traduzir em palavras. "Jesus é o Deus que se abaixa", diz Pe. Maicon. Suas reflexões nos ajudam a perceber que "Deus sempre está bem perto, bem perto, muito embora, talvez, não da maneira como imaginamos". Porque "Deus sempre foge do nosso controle", continua o autor. "O paradoxo é o lugar de Deus! A pergunta é o lugar de Deus!" Por isso, de modo incisivo e profético, particularmente em relação àquilo que se vê em certos ambientes eclesiais, Pe. Maicon afirma que "a fixação pela certeza pode tornar-se um fechamento para a graça! Quando se quer respostas para tudo, talvez não haja mais espaço para Deus". Na especificidade da vivência cristã, "o Deus de Jesus olha o pecador de baixo, não se coloca acima, não se enche de glória, porque a glória é a cruz, a glória é entregar a vida, a glória é amar sem medidas". Daí nasce, segundo o autor, uma fé sensível à dinâmica dos crucificados da história e de hoje.

Acompanhar as meditações deste livro é também uma experiência de contemplar e escutar a vida como ela é, particularmente em meio à realidade contemporânea. Para além da dicotomia entre sagrado e profano, entre teoria e prática, Pe. Maicon propõe um exercício de abertura e de acolhida à vida, esteja ela onde estiver, seja do modo como for. O livro nos desafia a transcender o comum, a ir além do óbvio, a fim de encontrar Deus nas pequenas ações do dia a dia. "Estamos imergidos em um oceano de amor e não nos damos conta", escreve o autor, citando o padre e teólogo italiano Giovanni Vannucci. Por isso, ter fé é "escancarar o coração no ordinário da história".

Reconhecer o Verbo que, no e por princípio, se faz carne, a nossa carne: esse é um dos principais convites do livro. "Mesa, ceia e casa são um verdadeiro mapa da fé cristã." Pe.

Maicon se distancia de toda espiritualidade "'bonitinha', 'cheirosinha', 'gourmetizada', com toda a 'positividade' possível". Para ele, a vida nova em Jesus é gerada dentro das tensões, dos desencontros, das incoerências, dos conflitos e das divergências da vida, que podem se tornar potência de transformação. Na relação com um Deus que se fez gente como nós e por amor a nós, "rezar é sempre retornar ao coração para que, do coração, nossas mãos, nossos pés, nossos olhos, nossa vida estejam mais sintonizados com a vida de Jesus".

Saber conviver, segundo Pe. Maicon, é justamente um dos frutos do seguimento e do discipulado de Jesus, abrindo-nos à comunhão com os outros. Nos passos de Jesus, a meta é conseguir dizer com a própria vida: "Sirvo, logo existo! Sirvo, logo sou!". Trata-se de comunicar o amor com a própria vida, "uma vida que cura mais do que julga, que integra mais do que aponta e divide". Esse chamado cristão, que o autor assume em sua própria vida pessoal e em sua missão presbiteral (e sou testemunha disso), é estendido a cada leitora e a cada leitor, ou seja, "um ministério que não tem sentido quando não sabe se abaixar e se ofertar para os outros". Afinal, "ninguém é cristão sozinho, Jesus não é uma posse, mas sempre um princípio de comunicação", que nos desafia a realizar o "milagre de aprender o alfabeto do outro sem impor o meu".

Encontrar e escutar a Deus torna-se possível nas páginas deste livro também por meio do encontro e da escuta a diversos companheiros de caminho (e de leitura): as muitas mulheres e homens com os quais Pe. Maicon estabelece diálogos enriquecedores em cada meditação. Sejam de séculos passados ou ainda vivos, sejam cristãos ou de outras tradições religiosas, grandes nomes da teologia, da literatura, das

APRESENTAÇÃO

artes e das ciências em geral contribuem, com seus pensamentos e exemplos, a nos aproximarmos ainda mais do Mistério ao qual damos o nome de Deus. As reflexões destas páginas, porém, não buscam apenas iluminar a mente, muito menos ostentar erudição. Cada meditação é um diálogo a muitas vozes, que nos ajuda, assim, a contemplar o Verbo divino em suas múltiplas conjugações.

Abrir os espaços, expandir o olhar, dilatar o coração: essas são, por fim, algumas das chaves propostas pelo autor para permitir que Deus viva em nós. *No princípio, o Verbo!* não é um livro sobre dogmas enigmáticos ou sobre teorias incompreensíveis: é um chamado à experiência do amor divino em cada passo humano. "É isso que tantas vezes falta, a força de caminhar, a superação daquilo que nos mantém parados, pisoteando o mesmo lugar, olhando pela mesma janela, repetindo sempre a mesma coisa. O 'ide' de Jesus é o convite fundamental para encontrar o respiro do nosso mergulho na ditadura da mesma coisa", reflete Pe. Maicon.

Mergulhar no amor e na vida de Deus – "um grande mergulho, o meu coração no coração de Deus, para ser o que se é" – é a experiência principal que a leitura deste livro nos leva a viver. A partir da "gramática da eternidade", o Verbo divino que se revela nas palavras de Pe. Maicon se torna uma singela semente a ser acolhida e germinada na terra boa do próprio coração, a fim de florescer e frutificar em uma vida em abundância, assim como a de Jesus. Só resta, então, virar a página e passar (d)a palavra ao Verbo.

Moisés Sbardelotto

Nota introdutória

A porta de entrada de cada meditação é um verbo! O ponto de partida é a Ressurreição de Jesus e o ponto de chegada é o Pentecostes: dois princípios, dois pontos de luz que inauguram todos os verbos. Entre a Ressurreição e o Pentecostes, o convite é para ressuscitar, incendiar e fecundar o movimento da vida! Não se trata de um jogo entre teoria e prática, mas de um mapa da escuta, da atenção e da acolhida da vida, para assumir toda a vida! O verbo é um convite ao paradoxo de, no viver cotidiano, permitir a Deus viver em nós: ampliar os espaços, expandir o olhar, dilatar o coração…

As palavras reunidas nas próximas páginas são fruto de meditações pessoais que podem não servir integralmente para outras experiências, mas querem ser facilitadoras para uma vida orante. Mais do que fidelidade à letra, é fidelidade à vida, fidelidade ao Verbo, fidelidade ao amor…

Aquilo a que chamamos começo é, muitas vezes, o fim.
E criar um fim é criar um começo.
O fim é a partir de onde começamos.

(T. S. Eliot)

Ressuscitar

O poeta francês Paul Claudel escreveu: "Deus não veio explicar o sofrimento, veio para preenchê-lo com a sua presença!". A pergunta sobre Deus e o sofrimento é uma das mais antigas da humanidade. Pela Ressurreição de Jesus, tateamos uma nova compreensão, uma nova história à qual a cruz não é capaz de dar fim! A Páscoa é "o novo dia" que aparece em meio às dúvidas e aos medos (Mc 16,9-15). Mais da metade do evangelho segundo Marcos apresenta Jesus curando os doentes! Deus está decididamente implicado no sofrimento humano! Pela cruz, Ele participa da condição mais dramática e pela Páscoa anuncia a maior viragem da história: sem eliminar nossas limitações, nos conduz para o "novo dia". No caminho de cada ser humano está a vitória de Deus, está a Páscoa! Toda a humanidade está destinada a uma história pascal!

De fato, a fé sempre foi mais companheira da dúvida do que das certezas! É bastante comum nos primeiros relatos do Ressuscitado a imagem das pessoas cheias de dúvida. A dúvida é uma espécie de cartografia da redenção e da salvação porque permite abrir mapas de descobertas, deixar espaços para as surpresas, amadurecer a confiança, experiência que as certezas podem reduzir.

O "novo dia" é um estado de vida! Foi o que fez Pedro mudar do medo à coragem, foi o que fez Maria Madalena sair correndo para comunicar a todos sobre Jesus! Todos somos atravessados pela Páscoa, e o "novo dia" é a presença de Deus que não deseja nos encontrar fechados, mesmo que fechados de certezas! Ampliar, abrir, expandir são outros nomes da Páscoa!

Vestir

No livro do Gênesis, Adão disse a Deus: "Ouvi teu passo no jardim, tive medo, porque eu estava nu e me escondi!" (3,10). É que, com Eva, havia transgredido a responsabilidade confiada por Deus, enveredando para o caminho da paladina serpente, ou seja, colocando a liberdade na direção do egoísmo. A nudez, símbolo de abertura e relação com Deus, passou a ser sinal de vergonha!

O evangelho sugere a redenção de Adão (Jo 21,1-19). Os discípulos, depois da crucificação, tinham voltado ao mar, à pescaria, atividade que alguns desenvolviam antes de conhecer e seguir Jesus. A pesca ia mal até ouvirem alguém dizer, da praia: "Lançai as redes no outro lado". Era Jesus ressuscitado, mas, por causa da distância, não conseguiam reconhecer. Obedientes àquela indicação, lançaram as redes, e elas quase se romperam com tamanha quantidade de peixes. Perceberam, então, que era Jesus! Pedro "vestiu-se, pois estava nu, e lançou-se ao mar". É um gesto curioso: vestir-se e mergulhar! Pouco antes, Pedro tinha negado Jesus três vezes e, quando o vê ressuscitado, finalmente acredita em tudo!

Colocar a roupa é vestir-se do projeto de Jesus Cristo e configurar-se definitivamente a Ele. O mergulho de Pedro é batismal e pascal, é imergir para superar o Pedro velho e nascer o Pedro novo que acompanhamos no livro dos Atos dos Apóstolos! Em seguida, Jesus perguntou três vezes a Pedro: "Tu me amas?". A roupa do "novo" Pedro é a roupa do amor que exige uma resposta: seguir Jesus e cuidar do mundo! Ou seja, seguir Jesus é cuidar do mundo! Essa é a nova roupa para participar da festa da vida (Mt 22,11).

Se a nudez de Adão o envergonhava, a nova roupa de Pedro é a redenção da Ressurreição. De fato, não se pode amar Jesus apenas em determinadas situações; hora ou outra é preciso "vestir a roupa", amar integralmente, mesmo com as redes vazias, ou ficaremos sempre à margem da fé! Trata-se de aprender a confiar e de ter a certeza daquilo que Giovanni Vannucci traduziu em poesia: "Estamos imersos em um oceano de amor e não nos damos conta". O salto de Pedro para ser novo é o salto ao amor!

Tocar

Quando perguntados sobre quem somos, uma das formas de comprovar é a carteira de identidade ou, no exterior, um documento de permissão! Jesus apareceu ressuscitado aos discípulos e apresentou aquilo pelo qual ninguém poderia desconfiar de sua identidade: as feridas dos pregos (Lc 24,35-48).

A identidade de Jesus são suas mãos e seus pés machucados! Jesus é o Ressuscitado-Crucificado, não um corpo ou uma alma, mas Jesus inteiro, integralmente vivo, com as marcas, as feridas e os dramas da crucificação! O evangelho segundo Lucas foi escrito na época de uma perseguição muito grande contra os cristãos, e a insistência sobre as chagas é uma forma de encorajar as comunidades que também estavam sendo perseguidas: "Vocês serão testemunhas de tudo isso!".

A partir da Páscoa, da Ressurreição, nossa vida tem a marca, a identificação de Jesus Cristo! É um selo, um carimbo na nossa carne e nas nossas feridas! A Páscoa é aquilo de mais importante que poderia acontecer na nossa vida, é o mistério e a alegria mais desconcertante, porque as feridas já não são só as nossas feridas, são partes das feridas de Jesus. Nosso sofrimento é participar do sofrimento de Jesus com a esperança da Páscoa, da vitória da vida!

Tomáš Halík, um dos maiores teólogos da atualidade, escreveu um livro chamado *Toque as feridas* (2016), com o qual, logo nas primeiras páginas, recorda de um acontecimento da vida de São Martinho: "Dizem que o próprio Satanás apareceu ao santo sob a aparência de Cristo. No entanto, São Martinho não foi enganado. Ele perguntou: 'Onde estão as tuas feridas?'". Mais adiante, afirma: "Não acredito em 'fé sem feridas', em uma Igreja sem feridas, em um Deus sem feridas. Somente o Deus ferido por meio de nossa fé ferida poderia curar o nosso mundo ferido".

Hoje é dia de mergulhar nas feridas de Jesus e deixar que ele convide também a nós: "Toca as minhas feridas, vê, sou eu mesmo!". E, depois disso, também dizer a Jesus: "Toca as minhas feridas, vê, são tão pequenas diante das tuas, e, ao mesmo tempo, são tão parecidas com as tuas…".

Sobressaltar

Passado o sábado, com todas as restrições do dia do descanso judaico, Maria Madalena, "no primeiro dia da semana", foi ao sepulcro visitar o corpo de Jesus (Jo 20,1-2.11-18). O evangelho inicia-se dizendo que "ainda estava escuro". Escuro exterior e escuro interior: se o sol ainda não tinha aparecido, Maria carregava a escuridão da grande pergunta do mundo: por que o crucificaram? Quando tudo está escuro, só o amor é capaz de fazer levantar: "Vou levantar-me e percorrer a cidade, procurando pelas ruas e praças o amor da minha vida", prenuncia a noiva do Cântico dos Cânticos (3,2).

O amor é uma máquina de movimento! Assim que chegou ao sepulcro, Maria viu que a pedra do túmulo tinha sido removida. Mais tarde, enquanto chorava muito, Jesus apareceu e perguntou: "Por que choras?". Maria pensou que era o jardineiro, mas, em seguida, ouviu: "Maria!". Aqui está uma particularidade que os estudiosos ajudam a entender: Jesus chamou Madalena pelo nome dela de criança: *Mariam*, em aramaico, língua falada na época. Alguém chamou Maria com seu verdadeiro nome, com sua identidade mais verdadeira, e aí Maria o reconheceu: "*Rabunni*! Mestre!".

O amor me conhece pelo nome, o nome pelo qual sou conhecido desde criança! Ser amado pelo que somos, sem máscaras, sem juízos, é o maior de todos os renascimentos! O jardim do sepulcro tornou-se jardim da Ressurreição! Jesus, o novo jardineiro da criação, ressuscitou, e Madalena ressuscitou com ele! O primeiro dia, depois do sábado, é o dia que não tem mais fim! Uma nova criação começou, o espaço e o tempo se curvam para o infinito e para a eternidade. Tudo, tudo por causa do amor: "Encontrei o amor da minha vida" (Ct 3,4). O novo jardim, do Jardineiro-Ressuscitado, guarda a harmonia do sonho de Deus de que "tudo era bom", fotografia desenhada pelos amantes do Cântico dos Cânticos: "Os teus rebentos são um paraíso de romãzeiras, com os frutos mais deliciosos, árvores de nardo e açafrão, de canela e cinamomo, com toda a espécie de árvores de incenso, mirra e aloés, com todos os aromas melhores" (4,13-14).

Identificar

Ao lado do anúncio de Jesus Ressuscitado às mulheres, o evangelho (Mt 28,8-15) conta sobre uma articulação para falsificar o evento da Ressurreição. De um lado, as mulheres, primeiras testemunhas do encontro com o Cristo; do outro, os homens, sumo sacerdotes, anciãos e soldados que, às escondidas, manipularam as informações para tentar dissuadir a notícia de que o túmulo estava vazio: "Dizei que os discípulos roubaram o corpo enquanto dormíeis!". Para que a mentira fosse garantida, "os sumo sacerdotes deram uma grande quantia de dinheiro". A primeira tensão que a Ressurreição criou foi, precisamente, entre a verdade e a mentira, entre a honestidade e a desonestidade, entre a gratuidade e o dinheiro.

As redes sociais marcam um novo espaço de poder no qual o conflito é traduzido, de um lado, pela comunicação da esperança, no estabelecer vínculos e comunhão, e, do outro, pelas *Fake News*, a manipulação da informação que tem em vista um projeto de poder mentiroso. De fato, falsificar dados nunca é um ato inocente, e a "mão cheia dos sumo sacerdotes" continua exigindo que a mentira prevaleça!

Seguir Jesus Cristo é procurar a verdade e, sobretudo, viver a verdade! É a verdade que torna os seres humanos livres, sem medo, capazes de enfrentar até a morte! A força da mentira impõe dependência, escravidão. Pessoas livres e autônomas tornam-se ameaça! A atenção às notícias falsas é um dos primeiros empenhos de todo seguidor de Jesus! Aquelas mensagens que fazem vibrar nosso celular, aparentemente inocentes, podem ser fruto de grandes investimentos a fim de nos colocar no "grupo dos manipulados".

No evento de Jesus Ressuscitado, vamos aprendendo, com as mulheres, que anunciar a verdade é sempre um caminho, um risco, uma tensão, mas é o lugar [a Galileia] onde tocamos verdadeiramente a vida nova, a esperança, a verdadeira liberdade!

Buscar

A primeira atitude pascal é "buscar" Jesus Cristo! O evangelho (Jo 20,1-9) narra uma grande correria: Madalena que corre, Pedro que corre, o discípulo amado que corre! Todos se tornam "buscadores" porque "o sepulcro estava vazio" e o corpo crucificado de Jesus não estava mais lá! No fundo, o que faz procurar, sondar, esmiuçar é a faísca de amor que habita o coração de cada pessoa! Sempre procuramos por amor! Somos "mendigos de amor" em busca de aplacar a saciedade! A Páscoa é a memória de algo fundamental: nem sempre o lugar onde buscamos o amor é o lugar onde ele está. De fato, o amor prefere os espaços abertos e não gosta de prisões: "Ide à Galileia; lá me vereis!". O sepulcro resta apenas sepulcro!

O discípulo amado é a metáfora da arquitetura do amor: (1) corre mais veloz do que Pedro; (2) chega antes no sepulcro; (3) sabe esperar quem vem depois; (4) ao ver as faixas de linho e o pano sobre a cabeça de Jesus, acredita. Trata-se de uma verdadeira gramática: o amor é mais veloz e, por isso, sempre chega antes; o amor sabe ter paciência porque prefere a comunhão no lugar do isolamento; o amor crê primeiro porque aprendeu a olhar com outros olhos.

Simone Weil escreveu algumas preciosidades sobre Deus, o qual sabe esperar o nosso amor: "Deus espera com paciência que eu queira, finalmente, consentir em amá-Lo. Deus espera como um mendigo que fica de pé, imóvel e silencioso, diante de alguém que talvez lhe dê um pedaço de pão. O tempo é essa espera. O tempo é a espera de Deus que mendiga o nosso amor". A Ressurreição de Jesus é a oportunidade de assumir a vocação de buscadores!

Escalar

"E assim saímos para ver de novo as estrelas" é o verso que separa o Inferno do Purgatório na *Divina comédia* de Dante Alighieri. De fato, no Purgatório já é possível contemplar o céu, não obstante a montanha gigante que o separa do Paraíso e que, junto com Virgílio, Dante precisa aprender a escalar. Esse cenário dantesco e pedagógico ajuda a viver o Sábado de Aleluia!

Após a escuridão total, onde é necessário "abandonar toda esperança", a visão do céu estrelado é uma arquitetura do significado da Ressurreição: depois da dureza, a luz retorna, a noite escura vai passar! A Ressurreição é "passagem" de uma condição à outra, da morte para a vida! A tradição oriental apresenta a Ressurreição de Jesus por meio de um ícone fascinante (*Anástasis*): o Cristo que desce aos infernos para resgatar, pela mão, cada pessoa, a fim de salvá-la para sempre. A porta do inferno tem forma de cruz porque é esse o novo sinal da redenção; o acesso ao "céu estrelado" só é possível por meio do Ressuscitado-Crucificado! Na Vigília Pascal, de fato, aclamamos no Anúncio da Páscoa: "Ele pagou ao Pai eterno a dívida de Adão e, pelo sangue derramado por nossa salvação, eliminou a condenação da antiga culpa".

Resgatado no amor, cada um é convidado a ser verdadeiramente novo! Significa, como resposta ao amor, descer aos abismos do nosso coração, aos abismos dos nossos comportamentos, aos abismos das nossas atitudes para enfrentá-los, nomeá-los, transformá-los e ser capaz, com a segurança da mão de Cristo, de sair dos "infernos cotidianos" em direção à verdadeira luz!

Erguer

No livro de, Jó é possível ouvi-lo questionar Deus: "Onde estás? Por que me abandonaste?". Toda morte é um trauma! A palavra "trauma" carrega a raiz de torcer, perfurar, abrir uma ferida que pode demorar muito para sarar! A crucificação é um buraco! De fato, a Sexta-Feira Santa é um dia que perfura a fé! É o dia da ausência, do vazio, do trauma da morte: "Meu Deus, meu Deus, por que me abandonaste?" (Mc 15,34).

Jesus experimentou a solidão do calvário, o medo da fuga dos seus amigos, as lágrimas de algumas mulheres, o deboche dos soldados, as roupas repartidas, a nudez ridicularizada, os pregos, o martelo, a cruz.

No caminho do calvário, a humanidade está inteira do jeito que pode escolher ser: armada, violenta, sem escrúpulos em chicotear, blasfemar, cuspir, ridicularizar e matar. O calvário é uma fotografia da condição humana, do que podemos nos tornar, do que pode crescer em nós!

A pandemia da *Covid* colocou em evidência o quanto somos frágeis e acentuou as desigualdades, a pobreza e o sofrimento. É a cruz, o calvário, os pregos que ganham outro nome, mas que não deixam de traumatizar a nossa história! Nas feridas de Jesus estão as feridas da humanidade!

E nós, herdeiros de Jó sempre voltamos a perguntar: "Mas, e Deus, onde está?". Está bem perto, solidário, como bom Pai, oferecendo outros caminhos, outras escolhas, como bem profetizou Isaías: "Os meus pensamentos não são os vossos pensamentos, os vossos caminhos não são os meus caminhos" (55,8). Deus está naqueles que sofrem.

Abaixar-se

A celebração da Ceia do Senhor, porta de entrada do Tríduo Pascal, assinala que, para sentar-se à mesa com Jesus, é preciso, antes de tudo, aprender a lavar os pés uns dos outros! Esse gesto, narrado apenas no evangelho segundo João (13,1-13), é a inversão de toda a lógica do mundo – do poder, da grandeza – e coloca ao centro um novo gesto assumido por Jesus: abaixar-se!

Jesus é o Deus que se abaixa! É o mesmo Deus do êxodo: "Eu vi o sofrimento do meu povo, eu desci para libertá-lo!" (Ex 3,7). O Deus libertador que "desce" é o Deus de Jesus que "se abaixa" para lavar os pés. O Deus de Jesus olha o pecador de baixo, não se coloca acima, não se enche de glória, porque a glória é a cruz, a glória é entregar a vida, a glória é amar sem medidas!

Procuram-se amigos e lavadores de pés é o título de um livro do Cardeal O'Malley. Ele reflete que a humanidade só será feliz quando aprender desse grande gesto! Celebrar a Eucaristia e o sacerdócio, de fato, é celebrar o desejo da vida feita dom, da vida realizada na entrega, na amizade, de um ministério que não tem sentido quando não sabe se abaixar e se ofertar para os outros.

A cena do lava-pés e da Eucaristia estava envolta em um ambiente de hospitalidade: a mesa, o diálogo, o encontro, o pão e o vinho repartidos, os silêncios e as dúvidas... Os amigos são a extensão da graça de Deus, são aqueles que integram os pedaços que a vida se torna. Poucas coisas marcam mais o mundo do que a experiência da amizade que é, no fundo, uma experiência eucarística.

Um dos gestos significativos da missa, na Eucaristia, é quando o ministro quebra a hóstia ao meio para repartir com a comunidade reunida. Jesus é o *quebrar-se* para integrar, o *quebrar-se* cuja expressão mais potente é o lava-pés. Fora do lava-pés, não é possível viver plenamente eucaristizados!

Converter-se

Na *Divina comédia*, o último círculo do Inferno, o mais inferior, está reservado aos traidores. O sumo poeta coloca Lúcifer, o traidor de Deus, que tem três cabeças e que cada boca "morde eternamente" os três piores traidores da história: Judas, traidor de Jesus; e Brutus e Cassius, que se uniram para trair Júlio Cesar, imperador romano. Brutus era um dos súditos favoritos do imperador, que, quando se percebeu traído, enunciou a expressão que entraria para a história: "Até tu, Brutus?".

Coloquemos um pouco mais o nosso olhar sobre Judas. Paul Claudel escreveu um monólogo chamado *A morte de Judas*. Judas fala, depois de morto, sua versão da entrega. Não tenta se defender porque tem consciência do que fez, mas sugere que todas as suas atitudes são de alguém que não se deixou tocar por Jesus, em uma espécie de materialismo exagerado. A obra indica o significado da separação entre a fé e a razão, entre a liberdade e o medo, colocando Judas no lugar racional e medroso, sobretudo fechado em si. Por outro lado, como muitos autores, Claudel sugere que Judas levou ao cumprimento os desígnios de Deus! É nessa linha também que o escritor Níkos Kazantzákis perdoa Judas: pela traição, são possíveis a morte de Jesus e a nossa redenção!

O evangelho dá espaço para o anúncio da traição de Judas e a fraqueza de Pedro (Jo 13,21-38). Judas e Pedro revelam a condição humana! Todos somos *Judas* e *Pedro*! Andamos à sombra do egoísmo que leva a trair quem amamos a fim de satisfazer os desejos mais pessoais e a fragilidade de assumir com fidelidade um verdadeiro projeto de vida!

Ainda assim, Judas e Pedro são o mapa de um caminho maior: a traição e a negação podem tornar-se oportunidade para Deus comunicar o seu amor! O amor sempre é uma escola de conversão e de novos significados! De fato, no paradoxo da cruz, Deus transformou a tragédia em redenção!

Perfumar

A vida está marcada por gestos! Enquanto algumas atitudes são o "mesmo do mesmo", há outras que despertam uma verdade inquestionável. Há quem faça pelas aparências, há quem faça por amor. Há quem faça pela fotografia, há quem faça pela generosidade. Há um abismo que separa os gestos.

Jesus estava em Betânia na casa de três amigos: Marta, Maria e Lázaro (Jo 12,1-11). Enquanto estava à mesa com Lázaro e Marta, a qual servia o jantar, Maria pegou "meio litro de perfume de nardo puro e muito caro" e começou a ungir os pés de Jesus e, depois, a secá-los com os cabelos. Trata-se de um gesto de amor muito sensível. Maria, sem dizer nenhuma palavra, reconstruiu os sentimentos que nutria por Jesus!

Do outro lado estava Judas, que, acompanhando a cena, começou a ditar sua justiça: "Se vendêssemos esse perfume para pegar o dinheiro e dar aos pobres…". Judas nunca tinha se preocupado com os pobres e roubava da caixinha comum que tinha com os discípulos. O gesto de Judas é mentiroso, mergulhado no fingimento disfarçado de bondade.

O gesto de Maria fazia alusão à morte de Jesus. Quem morria crucificado não podia ter seu corpo tirado da cruz; por isso, não teria direito nem à unção nem a um túmulo. Virava alimento das aves que já aguardavam os pendurados no monte. Maria antecipou aquilo que não poderia acontecer depois. Por isso, a sua sensibilidade é também uma escola de futuro, porque alcança alguma coisa que ainda não aconteceu!

Maria de Betânia é a mulher do gesto silencioso e verdadeiro, dos sinais que recriam o amor e curam as feridas! Com ela, queremos pedir a graça de abaixar-se diante das dores e das cruzes do mundo. É essa "casa cheia de perfume" que pede de nós uma sensibilidade nova, capaz de perfumar o mundo com os gestos da verdade do amor!

Estar à mesa

As últimas horas de Jesus foram marcadas por um ambiente hostil: traição, negação, violência. Jesus convidou seus amigos para uma ceia, para sentar-se à mesa e fazer uma refeição! É importante lembrar que esse gesto não foi pontual, pois inúmeras vezes os evangelhos narram Jesus à mesa com a gente do seu tempo, inclusive com os considerados pecadores públicos, o que causava grande alarde entre os legalistas.

Aprendemos de Jesus a comensalidade! "Vou celebrar a ceia Pascal em tua casa, com meus discípulos" (Mt 26,14-25). Mesa, ceia e casa são um verdadeiro mapa da fé cristã! Dentro dessas categorias, muitas coisas estão implicadas. Para Jesus, estar à mesa significava implicar-se no cotidiano da vida, na tessitura das histórias, no conteúdo das memórias! A mesa é uma escola de partilha!

Assim como havia hostilidade e ironia com Jesus à mesa dos pecadores, há outras hostilidades no nosso tempo e uma delas são os famigerados *smartphones*, que nos colocam à mesa sem estarmos à mesa, que fazem os dedos e as telas mais importantes que o diálogo, os olhares e o silêncio da mesa. É irônico que o volume da televisão seja mais alto ou que o solitário sofá pareça mais cômodo! É verdade que nosso tempo já forjou situações de quem não consegue mais encontrar os seus à mesa por conta de horários de trabalho ou de estudos. Escandalosamente, há mesas que estão vazias e denunciam um grave pecado social!

Se Jesus insistiu na mesa, é porque se trata de um lugar importante demais para perder. É verdade que esfacelar a mesa é um projeto, porque desorganiza a vida e a esperança, mas é possível retomar o lugar central da mesa! A calma da nossa correria está na mesa, a companhia e a amizade se celebram nas mesas! A força para sonhar o alimento está na mesa! A mesa de Jesus Cristo é um itinerário para o futuro, é um projeto, é a comensalidade que resgatamos em toda Eucaristia! Não podemos perder a mesa!

Assumir

"A condição humana é a paixão de Cristo", escreveu Clarice Lispector! A dor, o sofrimento, a cruz, é "o que somos, não alguma coisa que nos acontece!". Mais adiante, Clarice sugere que a paixão deve se tornar compaixão.

Não somos nós que olhamos a vida acabar na cruz, mas é a vida na cruz que olha nossa humanidade mergulhada nas cruzes! A paixão de Cristo continua acontecendo: a guerra, a violência, a fome, a destruição ambiental, o famigerado consumismo, o ódio das redes. Paradoxalmente, é da cruz que nasce um novo compromisso com a vida!

Os evangelhos do Domingo de Ramos desenham a condição humana: de um lado, Jesus é acolhido com ramos, com vestes estendidas no chão, com gritos de esperança: "Bendito aquele que vem em nome do Senhor!" (Lc 13,31-35). De outra parte, as vozes instigam à morte: "Crucifica-o, crucifica-o" (Lc 23,21).

Paulo, ao escrever à comunidade de Filipos (Fl 2,6-8), indica que a condição divina de Jesus é aquela de "esvaziar-se", de "obedecer até a morte". A grandeza não está na dominação, na usurpação da vida, na condenação de inocentes; a grandeza está na entrega, no fazer o bem, na vida feita dom. Essa é a vida que grita na cruz! E a cruz tem tanto a ensinar sobre a vida…

Com os ramos, assumimos o compromisso de atravessar a Semana Santa escutando a vida que vem da cruz. Uma vida cambaleante, machucada, ferida, pendente e sem forças. É a vida que, no fim de tudo, ainda sabe dizer: "Pai, eles não sabem o que fazem!" "Pai, perdoa-os!" "Pai, Pai!", sem ódio, sem vingança, tudo é entrega, mesmo com deboche: "A outros salvou, a si mesmo não consegue salvar!". É a vida que fala da cruz, da cruz da humanidade!

Acender

A quaresma é um tempo *favorável* para mergulhar no que somos, a fim de buscar uma fidelidade maior no seguimento de Jesus Cristo, que exige conversão constante. No Brasil, um dos marcos de toda quaresma é a Campanha da Fraternidade, que não diminui em nada o centro desse percurso, mas qualifica e potencializa, a partir da história, da encarnação. Na comunhão com a Igreja, mãe e mestra, somos convidados a traduzir nosso compromisso nos exercícios quaresmais:

1. A quaresma é tempo de rezar mais! A oração é um exercício. Se fisicamente precisamos nos exercitar, espiritualmente também é assim. Rezar é mergulhar na vida de Deus, olhar a história com os olhos de Deus e, o mais difícil, olhar-se com os olhos de Deus! Nossa provisoriedade e instabilidade são abraçadas pelo Pai, que, ao mesmo tempo, oferece amor, perdão e possibilidade de mudança.
2. Jejuar é um ato de liberdade! O jejum é mais do que uma norma, é uma pedagogia, um discernimento. De um lado, o exagero do alimento; do outro, a falta. Entre a precariedade e o esbanjamento, há o caminho

da consciência. Jejuar é dizer que somos mais fortes do que as nossas vontades. O jejum amplia o olhar, a criatividade, a maturidade, e ajuda a nos tornarmos mais generosos. É preciso aprender a jejuar de tantas coisas...

3. A caridade é a escola da consciência! O profeta Isaías (58,6) escreveu: "O jejum que Eu quero não será antes este: repartir o teu pão com o faminto?". A verdadeira caridade quaresmal nos coloca ao lado dos que passam fome, a fim de que possamos ouvir, acolher sem julgar, repartir, tocar e curar as feridas com o óleo da compaixão. Sem estar bem perto dos sofredores será mais difícil celebrar a verdadeira Páscoa.

Ao receber as cinzas sobre nossas cabeças, abrimos o coração à pedagogia de Deus para acender o fogo novo da vitória e da esperança que não morre jamais! Das cinzas ao fogo é um caminho formativo-espiritual que conduz ao centro da fé: Paixão-Morte-Ressurreição!

Integrar

Uma pessoa não pode ser compreendida por um ato! Não somos uma soma de atos! Jesus ensina a olhar (e a olhar-se) para além do ato, na tentativa de compreender inteiramente uma história com suas dores, suas angústias, seus sofrimentos, seus traumas e as reações diante dos acontecimentos! O verdadeiro amor consegue alcançar além daquilo que está na frente dos olhos!

Os discípulos de Jesus estavam com fome, mas no sábado lhes era proibido fazer qualquer esforço, mesmo de buscar algo para comer. O evangelho (Mc 2,23-28) conta que, tão logo os fariseus perceberam o ato, começaram a julgá-los, porque não observavam as normas estabelecidas. A pequenez do farisaísmo sempre é de não alcançar nada para além das leis.

Desse cenário, Jesus disse: "O sábado foi feito para o homem, e não o homem para o sábado". Jesus ajuda a recordar que no centro deve estar a pessoa, suas "fomes", suas "carências", sua vida! As leis são balizadoras, organizadoras, mas nunca podem ser o princípio e o fim de tudo!

Mais uma vez Jesus ajuda a configurar a experiência da fé e da espiritualidade não como a junção de tarefas e preceitos, mas o contínuo esforço de humanizar e divinizar a história a partir do amor! É sempre precioso, nesse sentido, aquilo que Luigi Verdi sugeriu um dia: "Uma pessoa não muda apontando o dedo para ela e mostrando-lhe as dez falhas que ela tem, mas só pode mudar de verdade se você lhe mostrar a única coisa boa que ela carrega".

Transformar

Todos nós carregamos atrofias, aquelas perdas que foram feridas da história e que vivem misturadas com a nossa identidade, com aquilo que somos! A tentação é sempre acusar a atrofia do outro sem compreender o mapa da dor, em uma tentativa, quase sempre fracassada, de esconder as feridas, ainda maiores, que nos habitam!

No percurso de Jesus, o Cristo, as feridas ocupam uma atenção especial, não para serem julgadas, mas para serem cuidadas, integradas e curadas. Ao homem de "mão seca" (Mc 3,1-6), não obstante os olhares adversos e acusadores, Jesus diz: "Levanta-te e fica aqui no meio". No fundo, é tudo o que a nossa condição humana precisa: levantar-se é ressuscitar, é transformar a nossa prostração e desânimo. Ficar no meio é sentir-se integrado, relacional, social e aberto ao mundo. No momento que ajudamos alguém a "ficar de pé" e "vir para o meio", estamos resgatando toda a potência humana, que não se restringe aos fracassos que a pessoa possa ter vivido.

O evangelho é um grande convite a abraçar a "nossa atrofia", a nossa "mão seca", e transformá-la em lugar de luminosidade. A grande doutora da Igreja Hildegarda de Bingen escreveu sobre a grandeza da capacidade de transformar "as feridas em pérolas". O bravo psicanalista Massimo Recalcati usa a metáfora da "luz das estrelas mortas". Os nossos vazios, as nossas escuridões, as nossas feridas, são brechas que podem fazer passar a nova luz, a nova possibilidade de existir.

"Levanta-te e fica aqui no meio" é a voz de Jesus que ressoa para todos e é o convite a uma vida que cura mais do que julga, que integra mais do que aponta e divide.

Recomeçar

O bem anda sempre muito perto da crítica, da perseguição, do cansaço, da crise. Quando fazemos algo que rende apenas elogios, é bom avaliar se o que estamos fazendo é realmente bom ou se não carrega apenas uma maquiagem de bem. Também o amor anda por essas estradas. Quem muito ama, muito sofre, muito cansa, muito aprende da dor!

Depois que Jesus curou uma pessoa com a mão atrofiada, a reação dos fariseus e dos partidários de Herodes foi "buscar uma maneira de matar Jesus". Tanto mais fazia o bem, mais Jesus era perseguido! O evangelho (Mc 3,7-12), na continuidade, conta que Jesus se retirou. E tantas vezes na vida é preciso retirar-se, tomar espaço, afastar-se de situações e projetos que se tornam sufocantes para o bem que deve ser feito.

Contudo, quanto mais Jesus buscava afastar-se, mais o povo ia ao seu encontro. De fato, o evangelho narra uma série de pessoas, de vários lugares, que buscam a todo custo "ao menos tocá-lo". É interessante que as regiões citadas (Judeia, Jerusalém, Idumeia e do outro lado do Jordão, Tiro e Sidônia), representam os quatro pontos cardeais: são lugares ao norte, ao sul, ao leste e ao oeste, retratando a universalidade da comunidade que se reunia em torno de Jesus.

Se, de um lado, aparentemente o bem, o amor vivido por Jesus, é uma perda, pois causa perseguição e ameaça, do outro, é uma vitória! É do fracasso que a comunidade começa a ser formada! Trata-se de uma comunidade que nasceu quando "foram até Jesus porque tinham ouvido falar de tudo que ele fazia". A fé nasce da escuta; o amor está ligado à escuta; o bem exige atenção e escuta permanente!

Rezamos com Jesus e os nossos fracassos! Aquilo que aparentemente é um falimento pode facilitar a brecha por onde entra a luz que transforma tudo, uma pedagogia para dar o passo necessário rumo a uma vida nova!

Ficar

Quando Jesus formou sua pequena comunidade com os doze apóstolos, escutamos o primeiro convite: "Fiquem comigo!" (Mc 3,13-19). Trata-se de um detalhe fundamental! Na natureza do seguimento de Jesus está a unidade, a convivência com Jesus e a formação de um vínculo. Na origem da missão está a comunhão, não o isolamento nem mesmo o perigoso ativismo.

O filósofo judeu Martin Buber assinalava que existem dois tipos de relações: o eu-tu e o eu-isso. Quando o outro é o tu, acontece o verdadeiro encontro: "O ser humano se torna eu pela relação com o tu […]. Todo viver real é encontro". Quando o outro é o "isso", o perigo pode ser forjar relações violentas, a tentativa de domesticar e controlar. Nossa identidade humana está calcada no primado da convivência, que sempre é o primado da comunhão!

O discipulado de Jesus passa pelo lugar de saber conviver. Cada encontro, cada reunião, cada formação, cada estudo, necessita de espaço para convivência, para narrativas de histórias e partilhas de vida… A convivência não pode ser reduzida ao "temos trinta minutos de intervalo para conviver", mas precisa de organização e de articulação.

"Nada existe além do rosto", escreveu o pintor Paul Cézanne, um convite a voltar-se para o outro ou para fora, já que, como diz o poeta Alberto Caeiro, "não vejo para dentro". Não se trata de negar o importante autoconhecimento, mas sim de afirmar a relação. O meu "dentro" também está dentro do "outro".

Peçamos a graça de construir vínculos de liberdade e de autonomia, cujo ponto de partida e ponto de chegada é sempre "estar com Jesus" convivendo com os outros.

Entrar

O evangelho apresenta o movimento fundamental da fé cristã (Mc 3,20-21). Atentemo-nos para dois movimentos: os de fora e os de dentro! Jesus "voltou para casa com os discípulos". Estar em casa é ser casa, ou seja, dividir um itinerário de vida. A casa adquire o lugar da comunidade nascente. Na proximidade e no vínculo da casa, com Jesus, se formavam os primeiros cristãos.

Outras pessoas "saíram para agarrar Jesus". Trata-se de um grupo que estava "do lado de fora". Desde o início do evangelho, Marcos assinalou as muitas resistências que Jesus enfrentou dos fariseus, dos doutores da lei e dos partidários do rei Herodes. O texto sublinha outro grupo, o dos "parentes de Jesus" que o acusam de estar "fora de si". É muito curioso: os de fora apontam para Jesus, que estava dentro, como alguém de fora!

O imaginário afetivo geralmente colocaria os parentes "do lado de dentro", mas não, não bastava ser parente, amigo, conhecido de Jesus, nem mesmo "ter visto" os milagres ou ter participado da celebração na sinagoga e das ofertas do Templo. A questão central é "estar/ser de dentro", é fazer parte de uma comunidade nova cuja arquitetura é o amor! A Igreja de Jesus Cristo é a casa do amor!

Se a nossa fé permanece na fronteira da casa, apegada a externalidades, talvez também estejamos "do lado de fora". O salto para "dentro" é um exercício cotidiano de abertura, de mergulho, de fidelidade a Deus, sem esquecer que a porta de passagem, sempre aberta, é o rosto da humanidade! Estar "dentro" é expandir o divino e o humano que mora em nós!

Escolher

No interno da discussão da doutrina católica está a reflexão sobre pecado! É verdade que na história não faltaram momentos em que o pecado foi pautado mais para controlar do que para libertar e provocar um caminho de maturidade e de felicidade! Entre o "tudo é pecado" e o "nada é pecado" há o discernimento no agir de cada pessoa por dentro do seguimento de Jesus Cristo e das circunstâncias em que vive! O pecado é uma escolha que exige consciência e vontade, ou seja, o sujeito é autor e ator do pecado! Um fato isolado não é um pecado, muito embora ele possa contribuir para chegar a uma escolha de pecado!

Jesus, no evangelho (Mc 3,22-30), anuncia a famosa expressão: "Tudo será perdoado […], mas quem blasfemar contra o Espírito Santo nunca será perdoado". Esses versículos já deram muita discussão sobre em que consiste o "pecado contra o Espírito Santo" e que, não obstante, deixou de lado o que está posto antes: "Tudo será perdoado!". O anúncio primeiro de Jesus é o amor, é o perdão, é a vitória da reconciliação sobre a divisão, da unidade sobre o conflito. O punitivismo, a justiça com as próprias mãos, o "olho por olho e dente por dente", são posturas que, progressivamente, distanciam de Jesus!

Ora, se Jesus é a vitória do amor, o pecado contra o Espírito Santo é o pecado contra o amor, é o fechamento ao amor, é o isolamento ao amor! Essa pode ser uma escolha consciente e voluntária de cada pessoa, ou seja, não amar, tomar distância do amor de tal forma que não consiga experimentar o perdão! Para o evangelho, portanto, não é Deus quem não perdoa, porque "tudo será perdoado", mas nós, livremente, podemos escolher uma vida sem perdão!

Rezemos a gramática do perdão, do reconhecer-se humano e frágil! Nesse percurso, rezemos o amor, o grande amor de Deus! Se o mal começa a crescer no nosso coração, essa é a hora de tomar consciência, de perceber que a graça, a luz, a misericórdia de Deus convidam a um itinerário, ao passo possível na direção do amor!

Amadurecer

"Os que amam formam uma trégua na dor do mundo", escreveu Berger. Essa trégua é possível porque o amor é um doar-se pleno, ou, como escreveu Jacques Lacan, "amar significa dar ao outro aquilo que eu não tenho", porque o amor não é feito de coisas, de objetos, de seguranças, mas de abertura do impossível e da gramática da eternidade! A brecha que o amor possibilita é capaz de curar "a dor do mundo".

É por dentro do amor que podemos rezar o convite que Jesus faz no evangelho (Mc 3,31-35): "Quem faz a vontade de Deus, esse é meu irmão, minha irmã e minha mãe". Fazer a vontade de Deus é, pelo seguimento de Jesus Cristo, amadurecer um itinerário de amor! A questão não é sanguínea, não é de parentesco, nem mesmo de lei ou de doutrina; a centralidade da "família de Deus" é realizar o amor no mundo!

É fecundo o testemunho de vida de São Francisco de Sales. O Papa Francisco escreveu uma Carta Apostólica em memória dos quatrocentos anos da sua morte (28 dez. 1622). O título da carta é muito bonito: *Tudo pertence ao amor* (*Totum amoris est*). Francisco de Sales deixou uma contribuição fundamental para a unidade entre a vida e a espiritualidade que, para ele, não era possível fora do amor.

Deus nos dê a graça de realizar a sua vontade, no amor de cada gesto e de cada palavra, capaz de contribuir para que o mundo seja melhor!

Serenar

O silêncio é um patrimônio! No meio de tantos rumores, de tanta gritaria, o silêncio não deixa de ser um anti-herói! Até mesmo o clima das igrejas denuncia que carecemos de silêncio. Na literatura, há o chamado "silêncio literário", que é uma escolha que o escritor faz diante de determinada narrativa. Exemplo clássico é a relação de Bentinho e Capitu no célebre *Dom Casmurro*, de Machado de Assis. Ainda hoje se busca decifrar e argumentar se Capitu traiu ou não Bentinho e raramente nos damos conta de que o silêncio de Machado de Assis sobre o fato é o acontecimento principal. Não dizer nada é muita coisa!

É muito bacana perceber que Jesus falou sobre Deus em forma de parábolas ligadas à semente (Mc 4,26-34). Chamou a atenção para o misterioso silêncio: "O semeador vai dormir e acorda, noite e dia, e a semente vai germinando e crescendo, mas ele não sabe como isso acontece". Este é o mapa do silêncio: alguma coisa está acontecendo. Confiar é aprender a esperar!

Nem tudo passa pelas nossas mãos ou atravessa os limites dos conceitos! Por mais que sejamos fortes, dispostos, observadores, futuristas, estudiosos da realidade, muitas coisas nos escapam. Há um mistério, "uma noite", um vazio que faz as coisas acontecerem. É esse também o lugar da graça de Deus que vai agindo onde quer e como quer, fugindo das nossas inteligências. Não se trata de não estudar, mas de compreender que há uma potência silenciosa que indica aprender a acreditar mais!

É bonita demais a oração de Eric Julien, como um convite ao descanso e a confiança total:

> Tenho problemas, Senhor, eu não consigo mais dormir. Como faz teu semeador para ir dormir e deixar a terra à noite? Sim, é verdade, és tu que a fazes brotar. Sim, é verdade, tenho tendência a me achar um pouco indispensável e a te considerar como um pouco demasiado facultativo. São estas as minhas inquietações: deixo-as com minha terra, que cresce tão mal. Finalmente, é teu trabalho. Eu, eu vou dormir um pouco.

Atravessar

Nem sempre Deus está na forma que esperamos! É curioso que, no evangelho (Mc 4,35-41), os discípulos estivessem atravessando para a outra margem do lago em uma pequena barca quando começou uma ventania forte que enchia a barca de água. Jesus estava dormindo! O evangelista faz questão de sublinhar: "Na parte de trás, dormindo sobre um travesseiro".

Jesus estava na barca, mas não como os discípulos queriam! A pergunta dos discípulos foi: "Não te importas conosco?". Esse silêncio, essa ausência de Deus quando a gente gostaria de ver sua mão poderosa agindo, é que convida a uma fé mais profunda, que supera a rasa vontade de decidir o que Deus deveria ou não fazer.

Deus sempre foge do nosso controle! Isso não significa dizer que Deus é insensível aos acontecimentos. Primeiro, o deslocamento de Deus e a sua aparente ausência nos momentos que mais precisamos são um convite a procurá-lo e a descobri-lo em outros lugares. O suposto silêncio, traduzido no sono de Jesus, carrega grande novidade. Só vamos compreender determinados silêncios mais tarde e aprender que Deus "se utiliza" de outros meios, de outras pessoas, de outros caminhos para "acalmar" as ventanias da vida.

Amadurecer a fé passa por abrir os círculos do nosso mundo pequeno, dos nossos preconceitos, das barreiras que erguemos, dos medos de atravessar o mar, da impotência diante das ventanias... Tudo isso é efêmero se conquistarmos a capacidade de confiar e de perceber que Deus sempre está bem perto, bem perto, muito embora, talvez, não da maneira como imaginamos!

O teólogo protestante Dietrich Bonhoeffer sintetizou de uma maneira muito profunda a relação com Deus que precisamos experimentar, a cada dia de uma forma nova: "Deus não me salva 'da' tempestade, mas 'dentro' da tempestade. Ele não protege contra a dor, mas 'na' dor. Ele não salva o Filho 'da' cruz, mas 'na' cruz".

Aprofundar

O conflito de Jesus com os fariseus e com alguns mestres da Lei, em Jerusalém, centraliza a atenção na lógica do amor, que é diferente da lógica das normas exteriores (Mc 7,1-13). Esse tema era muito caro a Jesus, e a grande maioria dos enfrentamentos da sua missão foi contra a rigorosidade da Lei que criava mais máscaras e mentiras do que um itinerário de liberdade e de maturidade das intenções do coração!

O esforço de seguir Jesus Cristo é o esforço de sempre retornar ao coração, onde moram as intenções de tudo: por que faço aquilo que faço? Por que escolho aquilo que escolho? Por que acredito em Deus? O coração é o motor da vida, é o motor da fé, é também o lugar onde nascem os venenos, as corrupções, as traições, as infidelidades. É nesse sentido que Jesus afirma não ser possível adorar a Deus "só com os lábios, mas estando com o coração longe". Tudo nasce do coração, e rezar é sempre retornar ao coração para que, do coração, nossas mãos, nossos pés, nossos olhos, nossa vida estejam mais sintonizados com a vida de Jesus!

O que conta é o coração! O farisaísmo permanece sempre na superfície da aparência; o seguimento de Jesus exige um passo a mais! Não basta dizer: não matei, não roubei, não cometi grandes crimes..., mas e o coração e as intenções e as relações e os gestos e as palavras do dia a dia?

    Peçamos a graça de sempre voltar para o coração, a partir da bonita revisão diária da vida, da reorganização das prioridades, do esforço de mudar. Que o Senhor também nos salve das intenções ruins, dos impulsos de morte que tornam nossos dias sempre um reflexo dos fariseus e dos mestres da Lei.

Purificar

Há uma diferença fundamental na escola de Jesus entre trabalhar focado nos efeitos ou trabalhar focado nas causas de um determinado acontecimento. No evangelho, na continuidade do conflito com os fariseus e os mestres da Lei, Jesus explicou que a "impureza" não é um ato isolado e exterior, mas nasce do coração, do interior de cada pessoa (Mc 7,14-23). Jesus afirmava que o grande esforço é transformar o coração! Trabalhar sobre um ato ou outro, isoladamente, pode ser perigoso, na medida em que mascara as causas, de onde "saem as más intenções". A verdadeira liberdade que Jesus sugeria é tirar as máscaras, é ser o que se é; para isso, é necessário trabalhar as causas, trabalhar o coração!

Essa é a mais exigente tarefa da espiritualidade, o lugar do coração, o lugar das intenções! É por meio do coração que faz sentido rezar a Palavra de Deus, viver a Eucaristia, celebrar os sacramentos, conviver em comunidade, mergulhar no amor. Fora do "coração" não há espiritualidade! O cansaço da fé pode ser consequência de uma espiritualidade focada apenas nos efeitos, em um ou outro ato, esquecendo da causa de todas as coisas.

"Conhece-te em mim", disse Jesus para Santa Teresa d'Ávila, no registro de uma das suas mais bonitas poesias,

VIII, das *Obras completas*. No fundo, sempre é um grande mergulho – o meu coração no coração de Deus – para ser o que se é!

Pedir

Mr. Rain, conhecido *rapper* italiano, apresentou-se no palco do mais prestigiado evento de música italiana, o Festival de Sanremo em 2023. Por menos de quatro minutos, junto com um coral de crianças, cantou *Supereroi* ("super-heróis"), uma metáfora dos últimos anos da sua vida, imerso na depressão, no vazio e na solidão. A letra inicia-se dizendo que "não se pode combater uma guerra sozinho". Os verdadeiros super-heróis, canta Rain, não são aqueles com poderes mágicos e triunfais, mas quem vai aprendendo a pedir ajuda: "Um passo, um primeiro passo". À nossa volta, não faltam heróis "como eu e você", "somos invencíveis quando estamos juntos".

Talvez este seja o milagre mais importante do nosso tempo: aprender a pedir ajuda! Na região de Tiro e Sidônia, o evangelho (Mc 7,24-30) conta a história de uma mulher que busca ajuda de Jesus para curar a sua filha doente. Estamos diante da complexidade de diferenças culturais, religiosas, políticas que acabam ficando em segundo plano. O pedido de ajuda da mulher derrubou os muros das separações e a aproximação fez com que, "das migalhas", se pudesse acessar a mais alta teologia. A cura foi traduzida por aproximação, por diálogo e por entendimento.

Na escola do evangelho, aprendemos que em primeiro lugar está o ser humano! Esta é uma tarefa que não pode ser esquecida, é também uma espiritualidade na qual mergulhar todos os dias: primeiro a pessoa, primeiro a pessoa com sua história, com sua vida marcada por trajetórias nem sempre possíveis de acessar. Quando o ser humano "vem antes", a cultura do ódio, das divisões, perde a força, porque está alicerçada, justamente, na negação da humanidade.

Distanciar-se

Os movimentos de Jesus eram repletos de conteúdo. O evangelho também conta sobre a cura de um homem surdo e que falava com dificuldades (Mc 7,31-37). A primeira atitude de Jesus foi afastar-se, com ele, para longe da multidão. Os gestos seguintes estão amarrados a esse primeiro, que sublinha a necessidade de tomar distância de determinadas situações que a vida apresenta.

Esse deslocamento não significa uma fuga do mundo real. José Saramago, na brilhante obra *O conto da ilha desconhecida*, registrava a famosa expressão: "É preciso sair da ilha para ver a ilha. Não nos vemos se não saímos de nós". Existem algumas distâncias que são fundamentais, porque ensinam que pisotear sempre no mesmo lugar produz um apagamento do sentido (dos sentidos) da vida!

O afastamento de Jesus e do homem possibilitou uma proximidade maior, uma atenção particular sucedida por gestos corporais: o olho no olho, o toque "nas feridas" do ouvido e da boca, o suspiro pelo sofrimento, o silêncio…, movimentos que a multidão poderia sufocar.

Há situações que é preciso ter coragem de enfrentar: fazer um deslocamento, dar um passo ao lado, afastar-se para "ver, sentir, pensar" de outros lugares. Essa atitude pode exigir grandes tomadas de decisão, fundamentais para guardar a felicidade! Grandes escolhas não se fazem de um dia para o outro, muito menos em momentos de nervosismo e agitação (pisar no mesmo lugar), mas podem ser modeladas com o necessário passo ao lado, ponto de partida de grandes curas, afinal, como diz a máxima de Santo Irineu, "a glória de Deus é o homem vivo".

Abrir

Os Padres do Deserto diziam que a verdadeira paz significa estar a sós com Deus! Essa espiritualidade não indica isolamento ou fechamento, mas aponta o lugar de intimidade, de comunhão e de unidade, que não se pode fazer longe das pessoas, da realidade e da concretude da história. Somos criados para o relacionamento, para o movimento na direção da descentralização. Por outro lado, existe o perigo real e concreto de construirmos muros e de nos fecharmos no "nosso mundo". Meditar sobre a "minha aldeia" é um convite do evangelho, a fim de curar as cegueiras que fazem parte da vida (Mc 8,22-26).

Em Betsaida, Jesus revelou o rosto do Deus que toma pela mão, que quer ficar a sós, que tira da aldeia e que pede a alguém que não volte. É profundo demais! A cura que Jesus fez é um verdadeiro processo para *ver melhor*. O cego de Betsaida, a sós com Jesus, distante da aldeia, foi tocado nos olhos. A cura não foi imediata; primeiro, viu "as pessoas que parecem árvores andando"; depois, tocado novamente, passou a "distinguir tudo com nitidez". O evangelho fala de processo, de caminho, de superar o imediatismo, o apego aos resultados, para conseguir perceber a vitória dos pequenos passos, os novos itinerários que são inaugurados.

No princípio, o Verbo!

Embora seja difícil, há decisões que precisam ser tomadas e há muros que precisam ser derrubados. É sobre isso também a recomendação que Jesus faz na conclusão do evangelho: "Não voltes à aldeia". O discernimento provoca mudanças concretas e a continuidade a partir de um olhar novo e de uma vida nova!

A meditação também passa pelo conteúdo do nosso olhar e pelo pedido da graça de confiar irrestritamente para que Jesus nos conduza aos territórios necessários de discernimento e de contemplação da luz.

Acreditar

"Tudo é possível para quem tem fé", disse Jesus para um pai com o filho doente e que buscava a cura dele depois de anos de sofrimento (Mc 9,14-29). A resposta do pai é desconcertante porque é a resposta do coração: "Eu tenho fé, mas me ajuda a ter mais fé…". Essa é a fé mais original, mais bonita, a confiança-esperança sempre aberta, sempre querendo crescer e amadurecer!

A cura do menino guarda o movimento da Paixão e da Ressurreição de Jesus: primeiro, "o menino ficou como morto"; segundo, "Jesus pegou na mão do menino, levanto-o, e ele ficou em pé". A passagem da morte para a vida nova, experimentada também por Jesus, só é possível "de mão dada com Deus". A fé, no fundo, é isto: segurar firme na mão de Deus, que passa a segurar firmar a mão dos irmãos e a "mão da criação".

A fé não livra de problemas, de sofrimentos, de dias difíceis, mas ajuda a viver tudo de forma diferente. É como se fosse um facho de luz, uma brecha na parede, uma estrela na escuridão que impulsiona a caminhar em frente. Esse ponto aberto é a confiança, é a mão estendida para Deus que não permite se sentir sozinho!

Teilhard de Chardin resumiu sua fé e sua vida em uma belíssima expressão: "Levar amor ao mundo". No fundo, todo ministério de Jesus é um grande convite a ajudar as pessoas a sentirem-se amadas e, amadas, a comunicarem o amor com a própria vida. Na Páscoa de Jesus, da morte para a vida, o amor vence todo o mal!

Servir

A psicologia ajudou a compreender que o desejo humano de ser *o maior* é uma máscara que esconde um sentimento de inferioridade e que precisa ser compensado. Há uma tensão permanente na busca da autoafirmação, da autorreferencialidade, na centralidade da *minha vontade*, da *minha verdade* que é a forma mais evidente de contar para o mundo uma vida vazia.

O remédio para o "desejo de ser o maior", vivido também pelos discípulos (Mc 9,30-37), foi traduzido por Jesus assim: "Se alguém quiser ser o primeiro, que seja o último de todos e aquele que serve a todos!". A "grandeza" da humanidade não é o poder, as honras, os prêmios, mas a capacidade de servir, de traduzir a vida na gramática da solidariedade, da ajuda, do cuidado, da caridade, do amor. O que torna o mundo mais humano é a quantidade de vezes que estendemos a mão gratuitamente e acolhemos o outro como ele é.

No exercício da acolhida, da acolhida sem limites, é que também aprendemos acolher aquilo que somos, nossos vazios, nossos limites, nossas feridas, para buscar o sentido da vida para além de toda compensação. Não se trata de uma tarefa solitária, isolada, mas de abertura: metáfora de uma nova revolução cartesiana do amor: sirvo, logo existo! Sirvo, logo sou!

Gabriel Marcel, autor francês de obras inspiradoras como *Homo viator*, não cansava de afirmar: "Só me comunico comigo mesmo à medida que me comunico com o outro".

Ampliar

A afirmação de Pedro: "Deixamos tudo para te seguir" recebe a resposta de Jesus: "Quem tiver deixado tudo... receberá cem vezes mais" (Mc 10,28-31). É verdade que o seguimento a Jesus exige alcançar novas formas de vida, fazer renúncias, mas é importante entender bem o que Jesus está dizendo sob o risco de duas grandes dificuldades: (1) o pensamento de que é preciso abandonar as raízes da história para seguir Jesus; (2) a espera por recompensa pelo gesto de "heroísmo".

As "cem vezes mais" é um alargador, uma espécie de lupa que amplia e ajuda a discernir o significado de tudo que guarda a nossa história. "Deixar tudo" não é esquecer, jogar fora, mas é expandir a vida que habita "o pai, a mãe, os irmãos, a casa", aquilo que somos. Nas experiências em que a vida se apequena, é diminuída, o seguimento de Jesus aparece como o "cem vezes mais", o novo olhar, a nova compreensão, a nova possibilidade, a nova relação, o salto... "Cem vezes mais" não é uma retribuição a um heroísmo pessoal, mas é o dom maior, a graça das graças, de poder viver a vida com mais conteúdo, com excesso de vida. Onde a vida é aumentada, plenificada, ali estão as sementes da ação de Deus.

Rainer Maria Rilke trocou correspondências com Franz Kappus, o que, posteriormente, originou a obra-prima *Cartas a um jovem poeta*. Em certa altura, escreveu: "Desejo que encontre bastante paciência em si para suportar e bastante simplicidade para crer; que confie cada vez mais no que é difícil, entre outras coisas, na sua solidão. No restante, deixe a vida acontecer. Acredite-me: a vida tem razão em todos os casos".

A vida tem razão, ainda mais se for "cem vezes mais".

Acolher

A história de Caim e Abel é breve: "Caim atirou-se sobre o seu irmão Abel e matou-o". Da harmonia inicial da obra criadora de Deus, traduzida pelo Gênesis com a imagem do jardim, seguem-se duas experiências de transgressão: Adão, Eva e a serpente são envolvidos pela atração do fruto proibido; Abel e Caim retratam, respectivamente, a história da primeira vítima e do primeiro homicida, um desvio no caminho do amor e do respeito ao diferente.

A leitura do livro do Gênesis (4,1-15) conta que Caim se lançou contra o seu irmão de sangue; não é um estranho, não é um estrangeiro, não é um inimigo, mas é o irmão, o mais próximo de todos. A violência é, assim, contraditória, porque o mais chegado se torna o intruso, uma ameaça. Caim não aguentou não ser o único, o preferido, o mais amado. A violência também sempre tem uma carga de narcisismo.

Freud e Lacan se debruçaram exaustivamente sobre Caim e Abel para estudar o ímpeto humano: derrubar o próximo é uma força inicial e anterior a amar o próximo! É que o outro representa a minha fragilidade e destruir o outro é destruir o vazio que me habita. Isso, necessariamente, significa dizer que não basta a leitura superficial de que "Caim é o mal" e "Abel é o bem", porque Caim e Abel coexistem em cada pessoa, representando a luta interior mais forte. Somos o descontrole de Caim e a inocência de Abel!

"O Senhor pôs um sinal em Caim" é um gesto potente! A forma que Deus encontrou para romper com o vício da violência é interromper o círculo da própria violência que seria assassinar o assassino. Não se trata de um Deus injusto com a vítima, mas sim de um Deus que marca uma nova lógica: o que foi feito não foi esquecido, mas pode ser ressignificado. O assassino não deixa de ser assassino, mas pode superar o ímpeto de assassino.

Esse texto é um grande convite à fraternidade, ao compromisso ético de superar a violência, não por meio de mais violência, mas por meio de relações, de convívio, de vínculo, de respeito, de responsabilidade pelo outro que desperta e amadurece na educação para a paz. A mesma pergunta de Deus para Caim é a pergunta para cada um de nós: "Onde está o teu irmão?".

Conviver

É curioso que Jesus tenha chamado para segui-lo dois irmãos, Pedro e André, e, mais adiante, outros dois irmãos, Tiago e João (Mt 4,12-23). O mapa do discipulado foi aberto por irmãos, regressando, assim, a uma fraternidade muito simbólica, que Caim e Abel, os primeiros irmãos da história da Salvação, tinham destruído.

De fato, Caim e Abel (Gn 4) são uma metáfora do fratricídio que fatia o sangue e divide a humanidade! A violência é sempre fratricida, é sempre destruição da fraternidade.

Jesus Cristo, ao iniciar a missão e anunciar que "o Reino de Deus está próximo", chamou duas duplas de irmãos, abriu a superação do paradigma deixado por Caim e Abel e estabeleceu o imperativo da convivência.

Muitos estudiosos já se esforçaram para compreender o motivo de Caim ter assassinado Abel. Freud e Lacan, por dentro da psicanálise, vão sustentar que não foi a inveja, mas sim o egocentrismo, o narcisismo (quando o "eu" é mais importante do que a vida). Nesse sentido, os irmãos chamados a seguir Jesus são também um retorno ao comunitário, ao coletivo, à relação, em que o "nós" é tão importante quanto o "eu".

Regressar à fraternidade é um exercício fundamental que exige transformar a cultura de ódio e de vingança que mora

No princípio, o Verbo!

na nossa carne e na nossa alma! Quando fortalecemos o desejo de morte, o ímpeto de Caim, estamos progressivamente tomando distância do seguimento de Jesus Cristo. O caminho de volta passa pelo perdão ("convertei-vos"), por recuperar a boa convivência, o exigente diálogo e o respeito abraçado ao anúncio do evangelho!

É emblemática a lenda contada por Jorge Luís Borges, Nobel de Literatura, no livro *Elogio da sombra*:

> Abel e Caim encontraram-se depois da morte de Abel. Caminhavam pelo deserto e reconheceram-se de longe, porque os dois eram muito altos. Os irmãos sentaram-se na terra, acenderam um fogo e comeram. Guardavam silêncio, à maneira das pessoas cansadas quando declina o dia. No céu assomava uma estrela que ainda não tinha recebido seu nome. À luz das chamas, Caim percebeu na testa de Abel a marca da pedra que o tinha acertado e matado e deixou cair o pão que estava prestes a levar à boca. Pediu que lhe fosse perdoado seu crime.
> – "Tu me mataste ou eu te matei?", perguntou Abel.
> – "Já não me lembro, aqui estamos juntos como antes."
> – "Agora sei que me perdoaste de verdade", disse Caim.

Construir

Noé é uma grande metáfora da vida! A vida que sobrevive ao trágico, a vida que surpreende o caos, a vida que percebe que sempre há uma luz. A história da Arca de Noé (Gn 6,5-8; 7,1-5.10) pode facilmente enganar! Uma leitura rápida e superficial acentuaria a construção da Arca como um castigo de Deus: "O Senhor viu que havia crescido a maldade do homem na terra".

Na verdade, a arca é a brecha que Deus encontra para salvar, porque sempre se pode salvar! É como escreveu Maurice Blanchot: "É o desastre escuro que carrega a luz". Deus sempre encontra uma saída do meio dos "dilúvios", mas também nós precisamos discernir esse caminho. A comunhão – nós, a criação e Deus – é a possibilidade da arca, o regresso da esperança, a transgressão do amor, a vitória da multiplicidade.

Também nessa história é possível compreender sobre o Deus que não castiga, mas que ajuda a passar de uma situação para outra – do dilúvio a uma nova terra, quiçá ao jardim inicial, à harmonia do "tudo era bom". Deus é sempre o além da compreensão, o além da lógica humana, porque é totalmente bom e amoroso.

No princípio, o Verbo!

Há situações da vida que exigem "construir uma arca", ou seja, reinventar, amadurecer, passar de um lado para o outro, deixar de pisotear e sofrer no mesmo dilúvio e buscar o impulso para a felicidade. Os dilúvios podem ensinar tanta coisa na vida, mas Deus quer estabelecer a aliança que nos salva do dilúvio e para isso precisa da nossa responsabilidade de "construir a arca".

Comunicar

Não obrigar a conhecer a minha língua, mas aprender o alfabeto do outro continua sendo um dos maiores desafios da humanidade. Trata-se de traduzir o diferente! Pensemos, por exemplo, neste tempo de inteligência artificial, de *chips* e aplicativos, de dados coletados e guardados. Como se podem assegurar as diferenças? Como garantir que, dentro dessa revolução, a humanidade possa ser compreendida no seu sentido mais profundo, sempre aberta ao futuro, não traduzida por decisões de uma máquina? E isso longe de querer condenar todas as possibilidades que a inteligência artificial carrega; mas não se pode esquecer o lugar do humano e de toda a criação!

A Torre de Babel continua sendo uma grande metáfora da história: de um lado, a humanidade que quer construir uma torre tão alta, capaz de "chegar ao céu", ou seja, que quer ocupar o lugar de Deus; do outro, Deus, que "confunde a única língua" (Gn 11,1-9). Não se trata de um castigo, mas sim de uma pedagogia!

A proposta de Deus é bastante evidente: só crescemos, só evoluímos quando suprimimos a proposta colonialista do fechamento e aprendemos sobre a pluralidade das línguas e o esforço da tradução. A comunhão nunca pode ser compreendida como a negação das diferenças. Comunhão é tomar consciência de que somos diferentes! De fato, é o inverso de qualquer totalitarismo ou fundamentalismo.

O milagre da comunhão se plenifica no dia de Pentecostes (At 2,1-13), que é o movimento contrário de Babel. Depois da Ressurreição de Jesus, os discípulos, com Maria, receberam o Espírito Santo e começaram a falar em diversas línguas, sendo que, em Jerusalém, lugar da pluralidade das línguas e das nações, "cada qual os ouvia falar em seu próprio idioma". É o milagre de aprender o alfabeto do outro sem impor o meu!

Vislumbrar

O dilúvio pelo qual passou Noé, sua família e toda a diversidade da criação, na Arca, conduziu para uma situação que parece a mesma, mas não é. Todas as experiências, especialmente as dificuldades, nos transformam! Logo depois de sair da Arca, Deus estabeleceu uma aliança com Noé e com todos os seres criados, uma aliança cuja vida está sempre em primeiro lugar (Gn 9,1-13)!

Deus também quis estabelecer um sinal visível para essa aliança: um arco-íris: "Ponho meu arco nas nuvens como sinal de aliança entre mim e a terra". Depois do temporal, o arco-íris é o sinal de que alguma coisa diferente está surgindo, é o anúncio de uma novidade! Deus se antecipou e, por amor, não obstante as tensões de "Caim e Abel" que nos habitam, escolheu continuar amando!

O amor de Deus aparece como uma boa notícia: todo dilúvio um dia termina, a qualquer momento o arco-íris vai aparecer! A aliança é sempre um amor infinito, um evangelho para recordar que Deus jamais nos abandona, nem mesmo nos piores momentos. Veja! O arco-íris um dia aparece; no momento certo, a vida ganha o colorido antes escondido.

Jesus Cristo é a nova e eterna aliança! Com Jesus, a potente expressão de Jó, depois da tragédia da sua vida, faz todo o sentido: "Antes te conhecia só de ouvir falar, agora meus olhos te veem" (42,5). Jesus é a aliança visível e total do amor. Nele, todo amor faz sentido!

Etty Hillesum, trancafiada em casa por causa da perseguição nazista, registrou no seu *Diário*: "Existirá sempre também aqui uma porção de céu que se poderá olhar, e suficiente espaço dentro de mim para poder juntar as mãos na oração". Esperar o arco-íris do meio do medo da escuridão também é uma espiritualidade e uma arte, mas também uma escolha decisiva. Marina Marcolini iniciou assim uma das suas poesias: "Nômade do amor, deixei a riqueza do palácio por um arco-íris".

Cruzar

O evangelho da anunciação narra que o encontro entre o anjo Gabriel e Maria aconteceu "no sexto mês" depois que Isabel tinha descoberto a gravidez (Lc 1,26-38). O "seis" é um número fundamental para meditar esse texto. Na Bíblia, o seis é símbolo da imperfeição, porque está imediatamente antes do "sete", que é o número perfeito!

De fato, no livro do Apocalipse, a besta, ou seja, o mal, é representado assim: "Seu número é seiscentos e sessenta e seis", ou seja, o "seis" repetido três vezes (13,18), a imperfeição total. Nas bodas de Caná, quando faltou vinho na festa de casamento em que Jesus estava, havia "seis" talhas (Jo 2,6). O primeiro sinal de Jesus, transformar água em vinho, é justamente passar do seis para o sete, a festa completa. Poderíamos ir para o Gênesis, em que Deus criou o ser humano no sexto dia, mas a plenitude estava no sétimo… e assim por diante!

Todo ser humano caminha para o "sete", para o mistério, para o sentido da vida. É nessa direção que está a felicidade que buscamos. Mais do que um lugar estático, é a disposição de caminhar, de uma vida que se expande sempre na direção dos outros e do Outro.

Ao dizer "sim" ao anjo, Maria deu o salto do "seis" para o "sete" e assumiu a itinerância do coração e do amor!

Rapidamente se colocou "a caminho" para ajudar Isabel. Mais tarde, colocou-se a caminho do Filho e, ainda, no mais paradoxal de todos os caminhos, àquele da cruz! Maria é a Mãe que ensina a não parar nunca, a jogar-se na direção de uma vida integralmente desperta e, do meio das cruzes da história, a doar-se como consoladora da última hora.

Maria, ajuda-nos a alcançar a graça de não parar no "seis"!

Visitar

O início da fé cristã guarda uma visita! Toda visita é uma forma de ampliar a vida, de alargar um círculo! A visita arrasta para "fora". Na proximidade do Natal, acompanhamos Maria, que se coloca a caminho para ajudar a sua prima Isabel.

O texto do evangelho é muito bonito, e vale a pena tirar um tempo para ouvi-lo, lê-lo e meditá-lo (Lc 1,39-56). Quero me deter sobre um aspecto inicial da narrativa: "Maria partiu para uma região montanhosa". Isabel morava distante, com Zacarias! Era um casal idoso e sem filhos, e, pela graça de Deus, Isabel se encontrava grávida, esperava João Batista. O encontro de Maria e Isabel, o afeto de duas mulheres grávidas e a vontade de ajudar são o cenário da visitação! Para que isso acontecesse, Maria precisou "atravessar a montanha".

A vida nem sempre é linear, e as montanhas são uma metáfora da descontinuidade, da necessidade de amar o desnível, de dar sentido àquilo que não é "planície". As "montanhas" atravessam as nossas relações e recordam que visitar, aproximar, compreender e servir não são uma tarefa simples e fácil, não são um "fazer de qualquer jeito".

As "montanhas" não deixam ver como o outro realmente é. As "montanhas" são as imagens que fazemos, os preconceitos que espalhamos, o idealismo que guardamos. Maria, ao atravessar a montanha, coloca no princípio da fé a busca por conhecer a identidade do outro. Para conhecer o outro, para estabelecer relações verdadeiras, é preciso ultrapassar as "montanhas".

O que temos acompanhado, no fundo, é que gastamos mais tempo procurando terra e pedra para erguer ainda mais as "montanhas" do que buscando uma forma de atravessá-las. Não é por acaso que estamos mais isolados, mais sozinhos, mais doentes, mais depressivos, mais viciados nas redes sociais, mais desanimados! Por infortúnio, preferimos a superficialidade da "planície" à ousadia da "montanha".

Não há fé sem visitação, não há fé sem "montanha". Trata-se de um "sair de casa" contínuo. A Igreja em saída é a Igreja de Maria, de Jesus, da humanidade que não escolheu ficar pisoteando a mesma "planície".

Deslumbrar

Thiago de Mello, um gigante da poesia brasileira falecido em 2022, gravou no nosso coração a belíssima expressão: "Faz escuro, mas eu canto, porque a manhã vai chegar!". O nosso lugar não é a escuridão, não é a noite! Faz lembrar aquilo que o escritor Paul Claudel resumiu: "A vida é uma grande aventura em direção à luz".

Trata-se de conseguir alcançar o milagre de cada acontecimento, ou, como escreveu Manoel de Barros, "ver um êxtase no cisco". Como chegar a esse estilo de vida marcado pela atenção e pelo deslumbramento, vencendo a cultura do pessimismo? O evangelho é sempre uma escola que inaugura esse caminho!

As coisas não estavam fáceis para Jesus, o fechamento ao seu anúncio, a perseguição, as forças que queriam sufocá-lo, tudo conspirava para o fim. É desse lugar que ouvimos Jesus em oração: "Eu te louvo, Pai, Senhor do céu e da terra, porque escondeste essas coisas aos sábios e inteligentes, e as revelaste aos pequeninos" (Lc 10,21-24). O coração de Jesus não permanece na lamentação, no caos, mas procura, procura sempre um pouco mais para encontrar a luz. No meio de todo aquele ambiente de fechamento, os discípulos contavam que muita gente acreditava nele, especialmente os mais simples e pequenos!

Do meio das dificuldades, encontrar pequenos pontos de luz! Otávio Paz dizia que do encantamento é que nos tornamos mais parecidos com Deus: "Ao assombrar-se, poetiza, ama, diviniza". E é a partir da vida e da experiência de cada um que é possível, pouco a pouco, trazer a luz à vista. De novo, ilumina e ajuda a rezar a poesia de Manoel de Barros: "Nas fendas do insignificante procurar grãos de sol".

Caminhar

Em seus estudos sobre a infância, Freud destacou que "a casa é uma substituição do ventre materno, que é o primeiro lar". Para os cristãos, pode-se dizer que o primeiro lar é estar intimamente unido a Jesus. O primeiro convite, de fato, é estar com ele. A segunda casa é a missão! Não são dois momentos estranhos, um não existe sem o outro! Trata-se de um grande mapa para se mover na fé: estar com Jesus e estar com o mundo é o grande coração do evangelho!

O evangelho inicia-se com o envio de setenta e dois discípulos, dois a dois (Lc 10,1-9). Aqui, "dois" não é a soma de um mais um, mas sim a gramática da comunhão. Ninguém é cristão sozinho, pois Jesus não é uma posse, mas sempre um princípio de comunicação. É nesse espírito que a comunidade sempre é a referência; ela lembra que o tentador isolamento é vencido pela comunhão, pelo caminhar juntos. Eu e a comunidade somos o um mais um para comunicar Jesus à humanidade ferida!

A fé não é uma imposição, muito menos um peso, mas as recomendações que Jesus deu aos primeiros discípulos dizem da simplicidade no agir e no falar: "O Reino de Deus está perto […]; paz a esta casa". Não é preciso ter muita coisa, apenas um coração aberto e generoso, porque

No princípio, o Verbo!

o mundo é selvagem e violento e nem tudo é acolhimento e tranquilidade.

Da casa-ventre à casa-missão, temos um caminho a fazer. A biblista italiana Rosanna Virgilli destaca que o grande sonho de Deus é uma humanidade que sabe acolher: "Jesus sonha com a reconstrução do humano por meio de mil e uma casas hospitaleiras e de braços abertos: a hospitalidade é o sinal mais confiável e indiscutível do alto grau de humanidade que um povo alcançou". O contrário da acolhida é a guerra, a vontade de derrubar o outro, a substituição da paz pelo confronto.

Trabalhar

Uma das tarefas mais exigentes do ser humano é reconhecer suas misérias! Sempre será mais fácil apontar para o erro do outro! O evangelho (Lc 6,39-42) é um convite a mergulhar no coração para conhecer e reconhecer as "traves", as "cegueiras", as "limitações" e ganhar a vida em profundidade! Há momentos em que os critérios morais de fazer o bem e evitar o mal podem ser apenas questões práticas, sendo que a raiz de tudo permanece contaminada. É quando nos autoafirmamos como pessoas boas, mas interiormente reina o ciúme, a corrupção, a vanglória, o desejo de *status*, as máscaras das aparências, o outro é isso, o outro é aquilo... Nesse momento, o evangelho recorda: "A trave do teu olho primeiro, a trave do teu olho primeiro..."

Quando se é capaz de reconhecer uma limitação, uma prática que precisa de conversão, um sentimento ruim que precisa ser trabalhado, uma estrutura que é difícil de mudar..., já tem início um processo de libertação! A liberdade não é colocar disfarces sobre disfarces, mas é deixar caírem todas as máscaras para, como realmente somos, encontrar Deus!

Trabalhar sobre as "traves" é atentar para o coração, para a raiz da vida e para o constante discernimento! Tudo que temos a tentação de acusar o outro deve ser, primeiro de tudo, um critério de avaliação pessoal. A responsabilidade é não repetir o que considero errado no outro, em vez de apontar o dedo ao bel-prazer.

O teólogo ortodoxo oriental Olivier Clément dizia que "o sentido de nossa vida não é outro senão a busca desse lugar do coração". A oração de hoje (que pode ser tarefa de uma vida!) é o convite a debruçar-se sobre o lugar do coração, a fonte de tudo.

Praticar

Albert Camus dizia que a questão essencial para o ser humano é descobrir onde é *a sua casa*. Parece estranho e óbvio. Para Mia Couto, "o importante não é a casa onde moramos, mas onde, em nós, a casa mora". Esses dois gênios da escrita ajudam a pensar que a vida se compõe de habitar e habitar-se. A casa é muita coisa! De um lado, lugar; do outro, não lugar! Sempre descoberta e movimento!

"Quem ouve minha Palavra e põe em prática é como alguém que construiu a casa sobre a rocha [...]. Quem ouve e não põe em prática é como alguém que construiu a casa sobre a areia...", diz Jesus no evangelho (Lc 6,43-49). É que a casa precisa ter fundamento firme!

E, para rezar hoje, cabe refletir sobre: qual a firmeza da nossa casa? Qual a segurança diante das "chuvas e ventanias"? A casa é, sempre, o nosso ponto de partida! O isolamento é o contrário da natureza da casa! A casa é a maior comunicação com o mundo, com a história, com as estruturas. A casa somos nós! A casa é ser, estar, comunicar... A cultura do individualismo e do consumo é a areia mais instável, porque torna a casa uma fantasia, um disfarce, uma máscara.

O Alberto Caeiro, heterônimo de Fernando Pessoa, ajuda concluir: "Da mais alta janela da minha casa, com um lenço branco digo adeus aos meus versos que partem para a humanidade…". É que a casa é o lugar de ver o mundo e desejar outros mundos!

Arriscar-se

A psicanalista Françoise Dolto, ao propor uma reflexão sobre certa parábola de Jesus, dizia: "A fé ensina-nos a arriscar-nos!". Não há fé fora do risco, do buscar fazer alguma coisa, do tentar e tentar mais uma vez. A fé nunca é uma espera passiva! O cardeal John Henry Newman recordava que "a fé é sempre se mover no meio da penumbra".

Um oficial romano, ou seja, alguém de cultura e crença bem diferentes da de Jesus, recebeu um dos maiores elogios do evangelho (Lc 7,1-10) pela boca do próprio Jesus: "Nem mesmo em Israel [entre os judeus] encontrei tamanha fé". É que a fé não é alguma coisa que se possa engaiolar dentro de determinada jurisdição. O oficial tinha um empregado muito doente e mandou que outros empregados fossem ao encontro de Jesus para pedir a cura. Ele não se achava digno de ir! Essa fé "à distância" comoveu Jesus!

De um lado, o evangelho lembra o movimento permanente da fé, de buscar, de se lançar pelas estradas, de evitar a passividade. Do outro, a fé é ampliar o eu, nunca é só "pedir para mim", mas carrega os outros, anseia pela "cura" do outro, pela felicidade do mundo. Uma fé de muito "eu", "eu", "eu" é uma fé rasa! A fé abraça a hospitalidade, a alteridade, porque não é um troféu individual, mas a graça de arriscar-se sempre mais para fora de si!

Primeirear

Luigi Pirandello escreveu: "Diante da morte, todos cegos! Todos cegos!". A morte é o intervalo sobre o qual se pode dizer muita coisa, mas o melhor mesmo é o silêncio. Basílio Magno sugeriu que "a vida das pessoas se cumpre ao passar por muitas mortes".

O evangelho (Lc 7,11-17) apresenta Jesus encontrando uma procissão fúnebre, um lugar onde a esperança, a alegria e o futuro estão em risco. De fato, uma mãe, viúva, está chorando a morte do filho único. Sem o filho, sem o marido, não restava mais nada. A condição da viúva é a condição da humanidade que gera vida para a morte. Por mais dramática que possa parecer, a procissão fúnebre é a realidade pela qual todos nós já caminhamos!

O que fazer então? Para Jesus, esse é o lugar da misericórdia! A misericórdia é conseguir realizar um gesto onde parece que todos os gestos acabaram. A viúva não diz nada, só chora. Jesus se antecipa: "Não chores!". O amor sempre toma iniciativa, sempre chega antes de o pedido acontecer. Os gestos de Jesus, "ver, se aproximar, tocar", são a grande herança de um Deus que se envolve totalmente com a vida, ao mesmo tempo em que é sensível a todo sofrimento.

A madeira do "caixão" que Jesus tocou é da mesma natureza da madeira da cruz! Ambos, caixão e cruz, são a narrativa de uma história de amor! Para quem ama, o fim não está no sepulcro! Quem ama sempre se mobiliza para encontrar as brechas da luz, para não paralisar, para não fechar, porque, como diz o Cântico dos Cânticos, "o amor é mais forte do que a morte!".

Ajudar

Com a tragédia do século passado, do meio dos campos de concentração e do horror das guerras, alguns pensadores e teólogos sugeriram a experiência de "ajudar Deus" a construir um novo tempo. A onipotência divina é atravessada pela responsabilidade do ser humano no compromisso de fazer o bem!

Etty Hillesum registrou, como oração, em seu *Diário*: "São tempos temerosos, meu Deus. Essa noite, pela primeira vez, passei-a deitada no escuro de olhos abertos e a arder, e muitas imagens do sofrimento humano desfilavam perante mim. […] Vou ajudar-te, Deus, a não me abandonares, apesar de eu não poder garantir nada com antecedência. Mas torna-se cada vez mais claro o seguinte: que tu não nos podes ajudar, que nós é que temos de te ajudar e, ajudando-te, ajudamo-nos a nós próprios."

Outra mulher, Simone Weil, falava da espera de Deus pela resposta amorosa de cada pessoa: "Deus espera com paciência que eu queira, finalmente, consentir em amá-lo. Deus espera como um mendigo que fica de pé, imóvel e silencioso, diante de alguém que talvez lhe dê um pedaço de pão. O tempo é essa espera. O tempo é a espera de Deus que mendiga o nosso amor".

Essas duas mulheres mortas, uma no campo de concentração e outra em um sanatório, ambas pelas consequências da guerra, estavam unidas a Maria Madalena, Joana, Suzana e outras muitas mulheres, conforme assinala o evangelho (Lc 8,1-3), que, mais com a vida do que com os bens materiais, "ajudavam Jesus", o qual andava pelas cidades e povoados anunciando a boa notícia de Deus!

Na contramão da passividade, da espera mágica, da retribuição e do mérito, as mulheres estão dois, três passos à frente! Com as mulheres e com o evangelho, trata-se de meditar como a nossa vida colabora com Deus, mais com atitudes do que com palavras.

Escutar

A mãe e os irmãos de Jesus queriam vê-lo, mas tanta gente o rodeava que era praticamente impossível. Dentro desse breve evangelho (Lc 8,19-21), Jesus alargou a compreensão de família: "Aqueles que ouvem a Palavra de Deus e as põem em prática".

É fundamental compreender o movimento sugerido no evangelho: para ser da família de Jesus, primeiro é preciso aprender a ouvir! Aqui está em jogo alguma coisa que nossa cultura tem descuidado excessivamente: a experiência do silêncio. Thomas Merton, monge trapista e grande místico, dizia que, além do fundamental silêncio exterior, o mais difícil é o silêncio interior, é aquietar os barulhos e organizar as bagunças internas: "Onde está o silêncio? Em última instância não pode ser encontrado em algum lugar além do próprio ser". Essa é uma descoberta que cada pessoa precisa rezar, entender e mergulhar.

Bem próximo da escuta está a "prática". A escuta sem a prática pode se tornar inerte. A prática sem a escuta pode se tornar ativismo vazio. "Praticar" é o verbo das mãos! Thomas Merton, de novo, ajuda a rezar: "A vida escapa-nos das mãos, pode escapar como areia árida ou como semente fecunda de obras justas". Tirar as mãos dos bolsos para tornar cada gesto, cada prática, a fecundidade (a semente!) do bem!

    Fazer a vontade de Deus, escutando e praticando, no fundo, é dar as mãos a Deus. É aquilo que o escritor francês Julien Green escreveu: "Quando se dá a mão a Deus, ele não larga facilmente".

Humanizar

"O Filho do Homem vai ser entregue pelos homens", diz o evangelho (Lc 9,43-45). A expressão, de imediato, aponta uma contradição: de um lado, aquele que buscou resgatar a humanidade de toda a catástrofe dela traduzida em exclusão, em dor, em sofrimento...; do outro, os "homens" do poder que se sentiam ameaçados pela humanização que Jesus resgatava.

De fato, o título "Filho do Homem" é um dos que Jesus mais apreciava. Segundo os estudiosos, aparece oitenta e três vezes nos quatro evangelhos: doze em João, treze em Marcos, vinte e oito em Lucas e trinta em Mateus. A expressão "Filho do Homem" tem raízes no Antigo Testamento, particularmente em Daniel e em Ezequiel.

Em Daniel 7,1-28, o profeta descreve o império dos babilônios, dos persas, dos medos e dos gregos com a aparência "animalesca". Com a brutalidade e a violência com que vivem as suas relações e impõem suas forças, negam o humano, o rosto humano, e guardam formas monstruosas. Porque matam, negam a humanização. A superação, o depois desses reinos da morte é o Reino de Deus, no qual a maior de todas as tarefas é resgatar o humano! Essa é a missão do "Filho do Homem".

No princípio, o Verbo!

Ao tomar esse título, Jesus se coloca na continuidade da vocação dos profetas e profetisas da história cujo ponto de partida e o ponto de chegada é o ser humano, não como centro dominador, mas como ponto de relação, de rede, de abertura para toda forma de vida.

Participar da vida de Jesus Cristo, ser cristão, é entrar na dinâmica do Filho do Homem, na qual o centro é promover e guardar a humanização. Quanto mais humanos, mais divinos; quanto mais agressivos aos humanos, mais distantes de Deus!

Libertar-se

Há muitas coisas do passado que nos tornam prisioneiros: memórias, traumas, despedidas, violências, saudades, questões mal resolvidas! Cada história precisa ser amada, ouvida, acolhida com generosidade, sem o perigo da avaliação sem caridade de quem não sente na pele os acontecimentos.

No entanto, na estrada do seguimento a Jesus, encontramos três expressões com que Jesus apontava certo rompimento com o passado, a fim de que a felicidade e uma nova história possam ganhar mais espaço (Lc 9,51-62). Não se trata de negar o passado, mas sim de compreendê-lo!

Uma dessas expressões é emblemática: "Deixa que os mortos enterrem seus mortos". À primeira vista, parece uma grande insensibilidade de Jesus para aquela pessoa que pediu para, antes de segui-Lo, ir enterrar o pai. Se escaparmos da leitura literal, vamos compreender que o convite de Jesus era dar um passo a mais: deixar os mortos enterrar os mortos significa deixar o passado enterrar o passado e esforçar-se para dar um salto para frente.

O grande perigo do permanente desejo de "voltar para trás" é buscar eternamente repetir o passado. O futuro não pode ser uma repetição do passado! O passado pode iluminar, inspirar as intencionalidades, sugerir as memórias, mas o hoje e o amanhã são construídos a cada dia, com a abertura aos sinais de cada tempo.

As outras duas respostas de Jesus também estão dentro desse mesmo contexto: "Quem põe a mão no arado e olha para trás não está apto para o Reino de Deus", e, ainda: "As raposas têm tocas e as aves do céu têm ninhos, mas o Filho do Homem não tem onde reclinar a cabeça". As tocas e os ninhos são um possível aceno ao "útero", ao "nascimento", mas o seguimento de Jesus se realiza fora das tocas e fora dos ninhos.

É fundamental meditar sobre como o presente e o futuro compõem a nossa vida e o seguimento a Jesus, bem como se temos conseguido curar, reconciliar e consolar as dores do passado a fim de uma liberdade maior para viver o "hoje" da história!

Desejar

O psicanalista italiano Massimo Recalcati, com muita precisão, na esteira de Lacan, reflete sobre o tema do desejo. Para ele, o maior de todos os milagres é o milagre de desejar! O desejo é sempre uma experiência pessoal, singular, humanizadora, mas sempre atravessada e superabundante. É que o desejo de cada pessoa só encontra resposta no desejo do outro. Dizendo de outra forma, a minha vida só tem sentido se a vida do outro me for importante e vice-versa. Quando o outro vai se tornando um inimigo ou um total adversário, acontece a assunção da desumanização, que é negação do desejo.

Recalcati reflete o milagre do desejo a partir de uma experiência pessoal. Depois do casamento, a esposa e ele descobriram que não poderiam ter filhos, o maior sonho de ambos. Mesmo sendo de família católica, conta que havia muitos anos não rezava. Com muita frequência caminhava ao redor da Catedral Ambrosiana, em Milão. Quando entrava, não tinha coragem de dizer nem de pedir nada, mas partilhava de uma paz muito grande. Foi depois de uma dessas visitas que ele diz ter recebido a notícia de que a esposa estava, milagrosamente, grávida.

Jesus desejava muito o Reino de Deus! Ele é sinal desse Reino e, ao mesmo tempo, convidava discípulos a participarem dessa construção e comunicarem ao mundo essa boa notícia. O coração de Jesus foi sempre desejante de vida e sempre aberto ao outro, sem nenhum tipo de discriminação e de preconceito. O fechamento ao amor é próprio do antirreino, como também Jesus chamava a atenção das cidades de Corazim e Betsaida porque rejeitavam e desprezavam a Palavra (Lc 10,13-16).

Desejar encontrar Deus e desejar deixar-se encontrar por Ele é uma exigência de quem acredita! Isso só pode ser possível quando o outro é, de verdade, um irmão e uma irmã. Quando rejeito o outro, tomo distância de Deus!

Sentir

Em *O idiota*, Dostoievski escreveu que "a compaixão é a mais importante e, talvez, a única lei da vida para toda a humanidade". Nos últimos tempos, ganhou força a história da antropóloga Margaret Mead, que sugeria como sendo o primeiro sinal de civilização um fêmur curado, ou seja, um sinal de cuidado e de compaixão. O fêmur é o osso mais longo do corpo, ligando o quadril ao joelho. Em sociedades sem os benefícios da medicina moderna, levava cerca de seis semanas de descanso para a cicatrização de um fêmur fraturado. Um fêmur curado mostra que alguém cuidou da pessoa ferida, fez a caça e coleta dela, ficou com ela e ofereceu proteção física e companhia humana até que a lesão pudesse sarar. Tudo começou da compaixão!

O bom samaritano é o mestre da compaixão (Lc 10,25-37). A parábola contada por Jesus traduzia, na prática, a pergunta de um mestre da Lei: "Quem é o meu próximo?". Para Jesus, a proximidade é o coração do Reino de Deus! Ao contrário do sacerdote e do levita, ou seja, de pessoas profundamente religiosas, é o samaritano, desprezado e herético para a cultura judaica, quem vive a essência da compaixão.

Três atitudes do samaritano traduzem o que significa a compaixão na prática: (1) *ver* – o sacerdote e o levita tinham perdido a capacidade de ver, ou seja, o outro tinha se tornado invisível, seu sofrimento tinha sido naturalizado; o samaritano, ao contrário, continua com o olhar atento; (2) *parar* – é preciso dedicar tempo, e isso é uma escolha; os levitas e os sacerdotes dos nossos dias podem achar a desculpa no "tenho muitas coisas para fazer"; a compaixão exige parada, que é mais, bem mais, do que sentir pena; (3) *tocar* – é a aproximação por excelência; é o momento em que a compaixão é assumida como um repartir a dor, assumir a dor do outro como minha!

Se o primeiro sinal da humanidade foi a compaixão e o cuidado, não é possível pensar uma nova humanidade, reconciliada e pacífica, sem compaixão, sem esse empenho de cada pessoa com os outros, especialmente com os caídos à beira da estrada!

Levantar-se

É a insistência que faz com que o amigo, da parábola que Jesus contou, "se levante" para emprestar três pães (Lc 11,5-13). Levantar-se é próprio de Deus! Levantar-se é o verbo da Ressurreição! Quando todos queriam Jesus caído, prostrado e morto, Deus o levantou! Essa é a expressão que Jesus convidava a experimentar para uma vida orante: levantar-se! Deus levanta-se para "ouvir o pedido" e, como Pai amoroso. Confia "o que for necessário". É importante perceber: o Pai não dá tudo o que o filho quer, mas, por causa do amor, aquilo de que o filho tem necessidade! Esse amor nem sempre é fácil de entender!

Do outro lado, o levantar-se do Pai só pode ser compreendido no levantar-se do filho. É a parábola dos que estão de pé! Tornar-se orante é aprender a levantar-se em qualquer situação! Se o peso do sofrimento e das dificuldades da vida tende a nos lançar ao chão, a oração é a força, é a disposição, é a capacidade de levantar-se e abrir as janelas da vida.

O amigo que se levanta é o que entrega o pão no meio da madrugada! É bonita demais essa imagem, porque a oração é a "vontade de comer" que nunca termina, é a fome com desejo de ser partilhada, é o prato cheio que vira o ofertório do mundo! Quem descobre a alegria de "levantar-se" quer sempre dividir esse dom com outras pessoas, ativar outras fomes, encher outros pratos...

Amizade, madrugada, fome e silêncio fazem parte do mapa de uma vida orante. De fato, como escreveu o pastor luterano Dietrich Bonhoeffer, "a oração é o secreto absoluto, é totalmente oposta à publicidade". Mais do que muito excesso, a oração é uma vida "erguida" na esperança de encontrar brechas e sustentada pela fome de permanecer à porta do Pai, carregando o apetite do universo!

Expandir-se

Cada vez mais tenho feito a experiência de que rezar é expandir a vida! O exercício fundamental é alargar o coração, o projeto sobre o qual arquitetamos a existência, para que Deus seja em nós! De fato, a questão central não tem que ver com fazer, com quantidade de palavras, mas com transformar-se, com ser, com abrir-se e com tornar-se receptivo a Deus!

No fundo, ser orante é aprender a ser filho, um filho que é habitado pelo pai. Ao ser perguntado sobre a oração (Lc 11,1-4), Jesus ensinou que tudo começa no Pai. O ponto de partida é descobrir que temos um Pai e que o amor do Pai é maior do que tudo que alcançamos em palavras. Muito antes de pedir, o Pai já sabe tudo, já conhece tudo, já sorriu e já chorou com cada filho!

Deus nunca abandonou ou se distanciou! É possível que o filho, sim, feche o coração e a vida para o Pai. Nesse momento, a oração é fundamental para reativar o desejo do Pai, refrescar a sede do Pai, abrir a brecha para que o Pai volte a ter espaço! Não se trata de negociar, de instrumentalizar, de convencer Deus, porque isso seria querer prender Deus ao nosso tamanho, em outras palavras, torná-lo um ídolo. Ser orante é deixar Deus ser Deus e acolhê-lo na vida como filhos, no tamanho de filhos.

O amor do Pai sabe que o mais importante para o filho é aquilo que ele precisa! Nem sempre o que queremos e pedimos com tanta insistência é aquilo de que precisamos! Tudo, tudo, Deus já sabe! Talvez a melhor forma de rezar seja não dizer nenhuma palavra e aprender daquilo que a tradição dos monges, a tradição da meditação já ensinava há muitos séculos. No fundo, rezar o Pai-Nosso é acolher a vontade do Pai no espaço em que deixamos o Pai habitar na nossa vida!

Desacomodar-se

O evangelho guarda uma forte chamada de atenção aos fariseus pelo seu fechamento (Lc 11,29-32). Uma vida fechada é sempre uma vida amarrada, sufocada! Jesus recorreu a itinerários de conversão do Antigo Testamento para afirmar que a fé não é ficar esperando sinais, milagres, mas tornar a vida um sinal! No evangelho segundo Lucas isso significa configurar-se a Jesus a partir de um caminho de conversão e de expansão à misericórdia e ao amor!

Acontece que ontem, como hoje, muitas pessoas atrelam a fé a grandes acontecimentos. É verdade que existem fatos e mistérios que transcendem a compreensão, mas a fé mais genuína é aquela do dia a dia, vivível, credível, que transforma os nossos gestos, que configura um estilo de vida, que ilumina a reconciliação no meio do ódio, que guarda o diálogo no meio da imposição, que continua acreditando no amor! A fé é escancarar o coração no ordinário da história!

O Papa Francisco escreveu dos santos "ao pé da porta" na Exortação Apostólica *Gaudete et Exsultate*. Para ele, há uma santidade muito bonita na constância de continuar a caminhar, dia após dia: "Gosto de ver a santidade no povo paciente de Deus: nos pais que criam os seus filhos com tanto amor, nos homens e mulheres que trabalham a fim de trazer o pão para casa, nos doentes, nas consagradas idosas que continuam a sorrir" (n. 7).

É a fé capaz de tirar do cômodo lugar da espera de sinais. É a fé que movimenta, que ativa a responsabilidade, que busca uma saída, que comemora os pequenos avanços... a fé viva!

Contrariar

Jesus era um homem livre até quando sentado à mesa na casa de um fariseu (Lc 11,37-41). Os fariseus eram conhecidos por uma grande devoção à Lei. Para Jesus a Lei era fundamental, mas deveria ser compreendida no seu sentido profundo. Nessa casa, o fariseu ficou impressionado porque Jesus não havia lavado as mãos antes da refeição. De fato, lavar as mãos era um preceito religioso que deveria ser observado pelo rigor da pureza.

Jesus respondeu: "Vós, fariseus, limpais o copo e o prato por fora, mas por dentro estais cheios de roubos e maldades". Resposta dura! Jesus sabia que estava tocando em um assunto espinhoso, mas mesmo assim não deixou de fazê-lo. A liberdade de Jesus não era "dizer e fazer o que quiser". A liberdade sempre é a responsabilidade de provocar uma abertura e um itinerário de vida. Uma pessoa livre é uma pessoa que está construindo um projeto de vida, demarcando as estacas da sua existência, e não cumprindo normas exteriores. A liberdade de Jesus era anunciar o Reino do Pai e assumir todas as consequências desse anúncio. Assumir a cruz, assim, é o ponto mais alto da liberdade!

O Cardeal José Tolentino Mendonça escreveu uma poesia que ajuda a aprofundar a oração:

Todos os dias abrimos os olhos, mas não o suficiente.
Vemos descontentes a imperfeição e a pedra.
Olhamos com desgosto – em nós e nos outros –
o avesso e a costura,
e não nos damos conta
de que poder observar com amor o avesso
se torna preciosa aprendizagem de caminho [...].
Pois aquilo, precisamente aquilo
que hoje identificares como pedra,
Deus vem ensinar-te
a transformar em estrela[1].

Para alcançar a liberdade de Jesus, é preciso essa "aprendizagem de caminho" que é capaz de transformar "pedra" em "estrela" e legalismo em sentido! Que toda a nossa verdade seja fundamentada pela coerência e pelo estilo das nossas ações, na justa medida do interior e do exterior.

---

1. Poema disponível em: <https://centroloyola.org.br/revista/bagagem/um-poema/a-tua-pedra-sera-a-tua-estrela>. Acesso em 04 mar. 2024. (N. do E.)

Enfrentar

O padre e poeta David Turoldo escreveu com razão que "acreditar é entrar em conflito". Não que o conflito seja o ponto de partida de quem tem fé; de maneira nenhuma! O conflito, as rupturas, as descontinuidades são consequências de quando se assume um estilo de vida com fidelidade! É dentro desse contexto, da proposta que Jesus assumiu, que conseguimos compreender as palavras difíceis do evangelho: "Eu vim para lançar fogo sobre a terra, e como gostaria que já estivesse aceso! [...] Vós pensais que eu vim trazer a paz sobre a terra? Pelo contrário, eu vos digo, vim trazer divisão" (Lc 12,49-53).

É espantoso e dramático ouvir Jesus falando de incendiar e de dividir! Quando o evangelho segundo Lucas foi escrito, essa era a realidade das pequenas comunidades: perseguidas, condenadas e mortas pela fé. Esse é o ponto! Acreditar em Jesus não era manter-se neutro diante das barbáries do Império Romano, mesmo que isso significasse romper com pessoas da própria família. A paz não vem de permanecer em cima do muro.

Seguir Jesus significa assumir um estilo de vida, de paz, de compaixão, de misericórdia, de perdão, de justiça e de verdade que, hora ou outra, vai exigir enfrentamentos e rupturas que podem ser como que um "fogo" para nossa vida! E é preciso se queimar para não ficar à margem de nós mesmos! É sobre essa exigência que escreveu o Papa Francisco: "Mas não podemos fazer um cristianismo um pouco mais humano – dizem –, sem cruz, sem Jesus, sem despojamento? Dessa forma nos tornaríamos cristãos de confeitaria, como lindos bolos, como boas coisas doces! Muito lindos, mas não cristãos verdadeiros" (Discurso do Santo Padre em Assis, 04 out. 2013).

Frutificar

Algumas pessoas perguntavam a Jesus sobre o significado das tragédias (Lc 13,1-9). Misturado aos exemplos, está o antigo e sempre novo medo do castigo de Deus. Para ajudar a ampliar aquela forma de olhar, Jesus contou a parábola sobre uma figueira que não produzia figos. O dono da vinha, em uma decisão rápida, ordenou ao vinhateiro para que a cortasse. A imagem do vinhateiro é a imagem de Jesus, que, percebendo a dificuldade de compreenderem o seu projeto, insistiu: "Deixa a figueira ainda este ano; vou cavar e colocar adubo."

Essas duas expressões são um mapa para a oração: "Ainda este ano" e: "Cavar e colocar adubo". A resposta nunca é o castigo, mas sempre a abertura para compreender cada acontecimento com o olhar de Deus, que continua acreditando em nós: ainda este ano, ainda este mês... o fruto vai aparecer! Mais do que punição, é a resposta amorosa e responsável, não obstante a nossa demora! A paciência nunca é estacionar, mas sempre estar em movimento: "Vou cavar, vou colocar adubo, vou molhar, vou fazer tudo"!

Há um testemunho tremendo para pensar a espera no livro *Paciência com Deus*, do padre tcheco Tomáš Halík: "Certa noite, depois de uma conversa extremamente longa e cansativa com um rapaz que, tal como eu, durante anos não se conseguira decidir sobre se acreditava ou não em Deus – e, acreditando, se a sua fé seria suficiente –, disse-lhe: 'Sabes, não é tão importante ter a certeza de que acreditas em Deus. Com efeito, o mais importante não é se tu acreditas nele. O fundamental é que Deus acredita em ti. E talvez, neste preciso momento, seja suficiente para ti teres consciência disso'".

O poeta Charles Péguy escreveu que "esperar é a coisa difícil e a coisa fácil é desesperar". Nosso compromisso é amar um Deus que espera e tornar a espera um gesto de amor para produzir "mais frutos".

Consolar

Jacques Lacan atendeu, clinicamente, uma mulher judia que havia sido presa pela *Gestapo*, a polícia secreta nazista. Um dos grandes sofrimentos que ela carregava era a insônia. Quando conseguia dormir, acordava em desespero, exatamente, às 5 horas da manhã. Esse era o horário em que a *Gestapo* costumava invadir as casas dos judeus a fim de levá-los para os campos de concentração.

Anos depois, ela vivia o mesmo horror, exatamente no mesmo horário. Em determinada consulta, após ela ter terminado de contar essa história, Lacan se levantou da cadeira, foi em sua direção e carinhosamente passou a mão em seu rosto dizendo lentamente: "*Gestapo*". A ternura desse gesto ajudou a mulher a ressignificar para sempre a tremenda experiência da "outra" *Gestapo*. Lacan facilitou a descoberta de que sempre há lugar para outra experiência, de que, se uma mão causa horror, há outras mãos que carregam segurança.

Muito antes de Freud, de Lacan e de toda a psicanálise, Jesus Cristo oferecia sua mão para curar o sofrimento! Muito mais forte do que outras mãos que colocavam as pessoas em situações de prostração, no evangelho (Lc 13,10-17) acompanhamos Jesus, na sinagoga, devolvendo a força de vida para uma mulher que havia dezoito anos "estava encurvada e incapaz de se endireitar". Trata-se de alguém que não conseguia levantar o olhar, alguém cujo peso da vida não possibilitava alcançar mais nada além dos pés. Jesus "colocou as mãos sobre ela, e ela imediatamente se endireitou".

Pelas mãos, pelos gestos, pela atenção, pela consolação, pela esperança, por inúmeros benefícios de descobertas terapêuticas, é possível (re)encontrar a vida nova, aquela que é capaz de olhar para frente, para o horizonte, ampliando todo fechamento!

Alargar

Outra imagem do evangelho é fascinante e materna: "Quantas vezes eu quis reunir teus filhos, como a galinha reúne os pintinhos debaixo das asas, mas tu não quiseste" (Lc 13,31-35). Trata-se de uma lamentação de Jesus a respeito da dispersão, do fechamento de Jerusalém.

Jesus evoca a sensibilidade, a doçura, o calor da galinha que abre suas asas para que, no aconchego e na segurança, os filhotes se sintam bem protegidos. É o rosto de Deus que ama, que cuida, que consola e que, diante de uma ameaça, em vez de paralisar, abre, expande, alarga as possibilidades de amar. Deus dá tudo de si!

Catarina de Sena escreveu que Deus "não pode dar nada menos do que a Si mesmo. Mas, ao nos dar a Si mesmo, Ele nos dá tudo". A escola do evangelho é para descobrir o lugar da ternura de Deus na vida e tornar a ternura um itinerário pessoal e comunitário. É verdade que, em meio à polarização, a tantas acusações e gritarias, ficam apagadas as asas de um Deus amoroso e generoso, mas Ele sempre está esperando o nosso retorno, a tomada de consciência de que o ódio e a mentira levam ao absurdo da desumanização e a distância do calor sagrado.

No terceiro livro da *Divina comédia*, Dante encontra Piccarda Donati, uma mulher que foi forçada pelo seu irmão a deixar a vida religiosa para casar-se com um homem rico a fim de que os negócios da família melhorassem. Conta a história que Piccarda morreu de lepra antes do casamento e que isso foi interpretado como uma graça de Deus às suas tantas orações para não se casar. No Paraíso, Dante se surpreende ao reconhecê-la sempre sorrindo e diz: "A doçura que você sente agora, sem ser provada, nunca é compreendida!".

A ternura, o bem-querer, o bem-viver só podem ser compreendidos quando vividos, provados, experimentados no cotidiano da vida e por dentro da oração. Trata-se de partilhar a ternura com o mundo e de abrir os olhos para, de longe, perceber as asas de um Deus que sempre tem lugar para nós!

Inverter

O Pe. Ermes Ronchi afirma que Jesus apresenta um Deus "virado de cabeça para baixo", ou seja, em uma posição totalmente diferente do que as categorias da época podiam imaginar. Diz o texto do evangelho: "Quando tu fores convidado para uma festa, vai sentar-te no último lugar" (Lc 14,1.7-11). Para muitos, pode parecer uma atitude de derrota, de vitimismo, de mortificação ou até mesmo de querer chamar a atenção.

Ali está a novidade de Jesus – a lógica ilógica: a primeira atitude é sempre de serviço, de vida doada; trata-se de um novo ponto de partida em que o dom é mais importante do que o mérito. Jesus elevou essa forma de viver às últimas consequências quando lavou os pés dos discípulos e doou a vida na cruz.

As imagens da festa, do banquete, da mesa, tão queridas pelo texto de Lucas, nos colocam no caminho do mapa da gratuidade, como peregrinos do último lugar. Aquilo que fazemos não deve ser feito para obter alguma coisa em troca, por retribuição. Na escola de Jesus, aprendemos a lógica do gratuito, do descentralizar, do "amo porque amo". Na verdade, fora da gratuidade nada pode ser chamado de amor, e troca de favores jamais será amor!

Aceitar

Giovanni Papini, um controverso escritor e poeta italiano, tem um texto, intitulado *Perché* ["Por quê?"], em que conta ter encontrado um agricultor que estava trabalhando na terra. Observando-o, perguntou-lhe: "Bom homem, o que está fazendo?". "Estou capinando", respondeu. "Por que está fazendo isso?". "Para ganhar!". "Mas por que quer ganhar?". "Para poder comprar pão e me alimentar!". "Por que quer comer?". "Para poder viver!". "Por que quer viver?". E o diálogo continua com outros tantos porquês.

Depois, seguiu caminho e, mais adiante, encontrou uma criança que recolhia flores. Logo começou a perguntar: "O que está fazendo?". "Estou recolhendo flores", respondeu inocentemente a menina. "E por que está recolhendo flores?", ao que ela respondeu: "Para fazer um buquê e levar para colocar aos pés de Nossa Senhora! Assim ela vai me preparar um lugar no céu!". E conclui Papini: "A resposta que o agricultor não soube dar, o soube a pequena criança".

Nem tudo tem resposta aqui e agora! É verdade que "os porquês" fazem bem, estimulam o pensamento, ativam a curiosidade, mas eles não podem ser o esforço de resolver tudo. Quando queremos ter esse controle de todas as respostas, o controle de todas as situações, o poder de conduzir com a vontade pessoal todas as categorias da vida, logo as surpresas e os mistérios tiram o chão e deslocam as forças para o vazio.

O evangelho diz que o primeiro passo é aceitar o convite para participar da vida de Deus (Lc 14,15-24)! No fundo, é expandir a nossa humanidade, perceber que somos mais do que respostas prontas ou somas de porquês, mas um caminho aberto na direção de Deus! Isso significa superar o perigo das tantas desculpas ao convite do banquete e participar da mesa das relações, a mesa dos afetos, a mesa da transcendência no nosso cotidiano!

Nosso "buquê de flores" é o símbolo de um coração conectado ao chão da história, mas com os olhos voltados para o Amor!

Aproximar

Havia um homem muito rico, sem nome, e um homem muito pobre, de nome Lázaro (Lc 16,19-31). Para matar a fome, Lázaro esperava algumas migalhas caírem da mesa do rico, o qual nunca sequer havia visto o pobre, pois estava muito preocupado com outras coisas! Os dois, embora com diferenças abissais em vida, dividem o mesmo destino: a morte! A morte é o acontecimento no qual todas as diferenças somem! Na morada eterna, Lázaro foi acolhido, e o rico padeceu em meio às chamas e ao sofrimento. A parábola não faz julgamento moral sobre a riqueza ou sobre a pobreza. O sofrimento do rico não foi porque ele era rico e a acolhida de Lázaro não foi porque ele era pobre. O que está em jogo é o abismo da separação, é a escolha pelo egoísmo, pela distância, pelo fechamento, que contradiz a natureza da criação humana.

Jesus não contou a parábola para dizer como será a eternidade, na perspectiva única da salvação, mas para afirmar uma forma de viver agora, superando as divisões e estabelecendo relações e proximidade. O julgamento final é a continuidade das nossas escolhas! Quando o rico se deu conta das suas opções, o evangelho narra esse gesto: "Levantou os olhos". O homem rico só tinha olhos na direção da sua riqueza e era cego para alcançar Lázaro; só via a si mesmo, seus problemas e sua mesa cheia.

Para a tradição bíblica, quando ajudamos alguém não estamos fazendo um favor. Para a teologia da criação, tudo é de Deus e, se um irmão ou uma irmã está sem nada, é porque existe o pecado grave da falta de partilha. O papel da esmola, por exemplo, era garantir o direito dos pobres e abrir um caminho de construção da justiça e da salvação.

Para nós, que ainda temos tempo, o evangelho é objetivo: diminuir as distâncias e construir relações saudáveis como caminhos para retomar o plano da criação de Deus. Porque, como dizia o francês Marc Joulin, "se nos recusamos a amar hoje, como poderemos amar amanhã?".

Arrepender-se

Santa Catarina de Gênova, uma mística italiana, descreveu experiências em que Jesus lhe aparecia em visões. Os registros narram sempre o que parece ser uma conversa entre bons amigos. Em um desses diálogos, Catarina teria perguntado: "Jesus, e com Judas, o que aconteceu?". A resposta de Jesus é tremenda: "Se você soubesse o que fiz com Judas...", deixando aberta a interpretação de que Judas teria vivido um profundo caminho de arrependimento.

Esse pequeno excerto reapresenta a questão sobre o que aconteceu, no fim, com o grande traidor de Jesus. Ao contrário de Dante, que, na *Divina comédia* colocou Judas em um dos piores lugares do Inferno, Catarina abriu o mapa do arrependimento.

No evangelho, em diálogo com os discípulos, Jesus falava sobre a pedagogia do perdão, da reconciliação, que é sempre inseparável da fé: "Se o teu irmão pecar contra ti sete vezes em um só dia, e sete vezes vier a ti, dizendo: 'Estou arrependido', tu deves perdoá-lo" (Lc 17,1-6). A única resposta que os discípulos conseguiram dar foi: "Senhor, aumenta a nossa fé!".

De fato, o perdão, a reconciliação, a mudança, o arrependimento podem parecer irracionais. No meio das tensões, do conflito, da ameaça, qualquer tentativa de sugerir arrependimento parece fraqueza, e o "não dar o braço a torcer" vai se tornando um buraco sem fim. O evangelho aposta em outro caminho, que é próprio da gramática de quem acredita: o do salto da fé, que conduz para relações mais saudáveis e maduras.

Pela fé, está aberta a possibilidade do arrependimento de Judas, porque, se somos capazes de gritar aos quatro cantos que ele foi um traidor, só Deus pode ter escutado o que se passou depois da traição. Até o último momento é possível retornar, mudar a direção, converter comportamentos, estilos, gestos e palavras.

A estrada para uma nova humanidade, para novas relações mais pacificadas, passa pelo perdão e pelo arrependimento, que, no fundo, significam juntar os fragmentos, as partes desintegradas de nós mesmos e moldá-las na consciência e no discernimento em torno do amor. Trata-se de um caminho sempre aberto, até o último minuto da vida, mas que podemos começar agora!

Esperar

"Até quando, Senhor, chamarei e não me ouvis?". O livro de Habacuc inicia-se com essa pergunta sobre o silêncio de Deus (Hab 1,2-3)! Por que Deus não resolve tudo de uma vez? Por que há sofrimento? Por que há morte? Não é difícil sermos tomados pelo desconcerto, pela falta de sentido e até mesmo pela descrença. Nem os discípulos de Jesus escaparam! No evangelho, eles pediram: "Senhor, aumenta a nossa fé!" (Lc 17,5-10).

O mais provocador (e mais bonito!) é o que Jesus respondeu: "Se tivésseis fé, mesmo pequena como um grão de mostarda...". A semente de mostarda é a menor de todas as sementes, quase um pó, praticamente invisível. Jesus estava se referindo a uma fé pequenina, minúscula, mas sempre aberta, sempre questionadora, sempre cheia de perguntas! A fé não é um terreno de verdades inquestionáveis! A fé não é um compromisso intelectual! A fé é mergulhar na pergunta e no silêncio, aprender a confiar e olhar para os outros lados. A fé é sempre abrir, mesmo sem resposta nenhuma! Na verdade, a aparente resposta para todas as perguntas, a máscara das certezas inquestionáveis, pode parecer uma fé grande, mas, no fundo, é só fachada!

Jan Twardowski escreveu uma poesia chamada *Espera*, que ajuda a iluminar a reflexão:

Quando você reza, você tem de esperar,
tudo tem seu tempo;
os profetas sabem disso:
continuar perguntando e deixar todas as expectativas;
o que não se ouve amadurece no futuro;
o inaudito
está para acontecer;
o Senhor já sabe de tudo, mesmo no meio da noite,
onde as formigas correm freneticamente;
o amor acreditará;
a amizade vai entender;
não reze se você não souber esperar!

"Não reze se você não souber esperar!". É que por dentro da espera há tempo para as novas perguntas. E Jesus amava mais as perguntas do que as respostas, amava mais o silêncio do que o palavreado, amava mais o serviço do que o poder, amava mais o Espírito do que a Lei.

Parafraseando Tomáš Halík, a fé se assemelha mais com abrir todas as janelas e olhar para fora!

Oferecer

Em *Grande sertão: veredas*, Guimarães Rosa escreveu: "Liberdade é assim, movimentação…, mas liberdade – aposto – ainda é só alegria de um pobre caminhozinho, no dentro do ferro de grandes prisões. Tem uma verdade que se carece de aprender, do encoberto, e que ninguém não ensina: o beco para a liberdade se fazer". Pouco antes, nessa mesma obra, outra preciosidade: "Se vendo minha alma, estou vendendo também a dos outros".

Diferente da liberdade que se anuncia em nossos dias, como uma categoria individual, isolada, mascarada de "fazer o que quiser", a liberdade do poeta e, especialmente, do evangelho de Jesus Cristo é um caminho, uma "movimentação" e uma descoberta que carrega a dimensão pessoal, mas sempre vinculada ao outro e aberta à relação! A liberdade é o amadurecimento na direção do amor, e o amor nunca é solitário; não existe amor distante do compromisso responsável com a verdade!

Este tema complexo ajuda a evitar o perigo que o evangelho apresenta com categoria "fazer alguma coisa esperando ser recompensado" (Lc 17,7-10). Jesus utilizou a imagem de um empregado e de um patrão para afirmar: "Somos servos inúteis, fizemos o que devíamos fazer". À primeira vista, parece bastante agressivo, mas o sentido não é afirmar a inutilidade da ação, e sim a gratuidade, o fazer porque precisa ser feito, o fazer porque há compromisso de fazer! Lucas escreveu o evangelho muito próximo das lideranças comunitárias que corriam o risco de "fazer" para obter algo em troca e, rapidamente, esqueciam o dom, o princípio de servir.

Este também é um perigo da vida de oração, da vida de fé: estabelecer com Deus uma relação de troca, de negociação – "eu rezo tanto para receber tanto". A oração é sempre uma imersão no amor, não uma negociação! A oração é uma escola de liberdade, porque foge dos dividendos e sugere discernimento, gratuidade e responsabilidade com a vida!

Movimentar-se

"Enquanto caminhavam, aconteceu que ficaram curados", narra o evangelho (Lc 17,11-19). Quando os dez leprosos se aproximaram e pediram a purificação, Jesus disse: "Ide apresentar-vos ao sacerdote". Jesus não realizou um sinal diante deles, mas pediu para se colocarem a caminho. No caminho, ficaram curados!

É isto que tantas vezes falta: a força de caminhar, a superação daquilo que nos mantém parados, pisoteando o mesmo lugar, olhando pela mesma janela, repetindo sempre a mesma coisa. O "ide" de Jesus é o convite fundamental para encontrar o respiro do nosso mergulho na ditadura da mesma coisa.

Os leprosos eram dos grupos mais excluídos do tempo de Jesus. O livro do Levítico (24,14) sentenciava que, "enquanto durar a enfermidade, o leproso morará à parte, fora da comunidade". Por algum motivo, os leprosos não sentiram medo de serem condenados ao se aproximarem de Jesus. Encontraram acolhida, embora, sublinha o evangelho, "pararam à distância". Ao enviá-los ao sacerdote, Jesus estava rompendo o limiar que separava pureza e impureza. É que o sacerdote era o sinal maior da pureza, enquanto os leprosos, o sinal maior da impureza. "Ide ao sacerdote", no fundo, significa dizer "atravessai o limite", "escancarai as estradas", "rompei a porta". Em Jesus Cristo não há mais divisão entre puros e impuros, porque o amor não conhece separação, o amor não é articulado por maiores e menores.

A nossa condição humana, a nossa limitação, a nossa "Samaria" é o lugar do amor de Deus! Deus ama aquilo que somos, e a maior de todas as graças é ser o que se é, deixar cair todas as máscaras e viver a comunhão profunda com o Pai. É a "nossa lepra" que merece o maior amor, não o afastamento, não a invisibilidade! Deus dá nome à dor de cada pessoa e convida a um caminho de cura!

Dos dez curados, apenas um voltou para agradecer. Retornar a Deus não é uma obrigação, mas é um sentido! Deus não vai ser melhor com alguém porque é mais ou menos agradecido! Temos de superar a ideia de um Deus que "devolve" aquilo que fazemos ou que "retribui" o bem ou o mal realizado. Isso é o esforço de tornar Deus do nosso tamanho, colocá-lo dentro da nossa caixa de compreensão, o que, biblicamente, significa idolatria. Voltar para Deus é voltar para a comunhão, é voltar para aquilo que realmente somos!

Não parar, encontrar o milagre no caminho e sentir-se amado por Deus, não obstante as nossas "lepras", é um bonito percurso de meditação!

Adentrar

No *Livro da vida*, Santa Teresa D'Ávila narrou uma das suas maiores experiências de Deus com um jogo de palavras tremendo: "O anjo me encorajava a descer para cima". Trata-se de algo genial: descer é submergir! É deixar-se envolver-se de si, do interior, do mundo mais real e concreto de todos – aquele que somos! Quanto mais "descemos", mais "estamos no alto". Quanto mais perto da vida, mais perto do céu!

Etty Hillesum, em meio ao horror nazista, via a necessidade de "desenterrar Deus do coração". Isso só era possível com um grande mergulho para dentro. Descobriu, assim, que só conseguiria "desenterrar Deus do coração dos outros", na mesma medida em que adentrava em seu interior. Dentre os nomes que dava para esse exercício estava a "higiene da alma", esse percurso de cuidado e promoção interior. De Etty, chega até nós uma das mais gigantes vozes de enfrentamento ao ódio dos torturadores, pelo caminho da reconciliação!

No evangelho, respondendo à pergunta dos fariseus sobre a chegada do Reino de Deus, Jesus disse: "O Reino de Deus está entre vós" (Lc 17,20-25). Outras traduções preferem: "O Reino de Deus está no meio de vós", ou: "O Reino de

Deus está dentro de vós". Todas elas sugerem, com maior ou menor intensidade, que o "projeto" vivido e anunciado por Jesus é descobrir-se já habitados pelo divino, criaturas de Deus, e caminhar para que ampliemos os espaços do amor em nós! De fato, já Santo Agostinho escrevia: "Deus está mais perto de mim do que eu mesmo".

Toda oração carrega um convite a retornar para si! Tudo aquilo que anunciamos "para fora" é fruto de um caminho "para dentro"? A paz que falamos é a paz que vivemos? É certo que as coisas não estão separadas, mas é nessa integral-unidade que ampliamos os canais da graça de Deus na nossa vida, a partir de dentro!

Esvaziar-se

O desapego é uma chave fundamental da espiritualidade! O acúmulo, a ganância, o exagero de exterioridades são sempre uma máscara que pretende esconder alguma coisa. Maquiagem da realidade! O resultado é o império da superficialidade, do disfarce e a promoção do consumo, que tem deixado as pessoas doentes, dependentes, viciadas, cansadas...

O evangelho coloca Jesus em diálogo com os discípulos sobre a vida futura. Para isso, retoma acontecimentos do passado, como a história de Noé e de Ló, e, em seguida, afirma: "Quem procura ganhar a sua vida vai perdê-la e quem a perde vai conservá-la" (Lc 17,26-37). Jesus estava falando da vitória do desapego ou da vitória de quem deixa cair o primado do exagero e da superficialidade.

Para a espiritualidade de Jesus, trata-se de soltar tudo, esvaziar-se de tudo, fazer-se simples, humanizar-se de tal maneira que eu consiga reconhecer, no outro, o meu irmão; na terra, a minha irmã; em toda a vida, uma conexão profunda. Quando a intenção é acumular, o outro é adversário, a terra é tão somente instrumento de lucro, e assim por diante! Eis aqui a chave de que "ganhar é perder".

Pensemos também nos acúmulos interiores, relações mal vividas, perdões dispensados, amizades traídas, raiva, ira, impaciência. Isso tudo fica guardado em alguma parte de nós! Jesus ajuda a configurar o amor: largar o que sobrecarrega, deixar desmoronar os pesos, perdoar, reconciliar, acalmar, respirar, rezar...

Os orientais preferem falar de uma espiritualidade do vazio. É o vazio, e não o excesso, que assinala a maturidade na relação com Deus. De excesso, somente o amor!

É de Romano Guardini a expressão: "Eu rezo porque vivo e vivo porque rezo". A oração se confunde com o respiro, com o sopro que guarda a vida! Não se trata somente de exercícios exteriores. A oração é adentrar no amor de Deus para que Deus se expanda pela nossa vida! Nesse sentido, o desafio maior não é a quantidade de orações, mas é a capacidade de tornar a vida uma oração, fazer da vida um itinerário orante!

A oração precisa atravessar aquilo que somos, todas as nossas relações! Em cada pessoa, a oração pode assumir uma perspectiva particular: rezar é reconciliar; rezar é aprender a viver mais pacientemente; rezar é alargar o coração; rezar é estender mais a mão e partilhar; rezar é silenciar; rezar é aprender a esperar; rezar é discernir a vontade de Deus; rezar é aceitar um pedido de perdão! É no respiro da história que a vida orante vai ganhando rostos diferentes!

Jesus contou uma parábola, para os discípulos, sobre a necessidade da oração (Lc 18,1-8). Trata-se de um juiz que "faz justiça" por causa da insistência de uma viúva. Jesus comparou a contumácia dessa mulher com a insistência da oração, ou seja, a oração não pode ser reduzida a frases prontas, mas é perseverança, movimento, como o ato contínuo de respirar.

Uma das formas mais bonitas de oração é a meditação, que está muito ligada à respiração! A respiração é um exercício de paciência, de aprendizado continuado, de organização dos barulhos internos e externos, de aliança com o futuro!

Experimentar

"Devo ficar" é uma reviravolta! É uma necessidade de Deus "dever estar" com quem ama! Por isso, Jesus alcançou Zaqueu, porque, antes de Zaqueu procurar vê-lo, Jesus já o procurava. Mesmo Zaqueu estando no galho da árvore, "Jesus olhou para cima".

Na escola de Jesus, aprendemos a simplicidade dos gestos, o lugar fundamental do amor, a força do "dever ser" antes do "dever fazer" (Lc 19,1-10). O Deus de Jesus é o Deus que "olha para cima", é o Deus que age a partir do profundo respeito pela humanidade! Se procuramos "em cima", ele chama embaixo: "Desce, desce!". Deus desarma as vanglórias, os desejos de ser maior, a desonestidade de buscar sempre a evidência! O olhar a partir de baixo é uma pedagogia e um convite a rezar!

A relação com Deus corre o risco de ser atravessada pelo "fazer para agradar a Deus", o que pode carregar uma boa verdade de intenção! Não se pode esquecer, no entanto, que sempre quem procura primeiro é Deus, quem lança o primeiro olhar é Deus, quem busca "entrar na casa" é Deus! A pequena resposta que se pode oferecer é o amor, ou seja, uma vida de filhos e de filhas! Por mais difícil que seja, o evangelho garante que é Deus quem "deve ficar". O amor sempre chega antes!

O Papa Francisco tem insistido para a Igreja ser um "hospital de campanha", ou seja, ser um sinal de cura, de amor, de cuidado, uma verdadeira tenda que procura sempre os mais feridos! No centro da ação, não está a culpa, o pecado de quem precisa de ajuda, mas o principal: a cura! É preciso cuidar!

Jesus não olhou primeiro a pequenez de Zaqueu, sua vida desvirtuada, mas ergueu a vida dele. Ergueu não com doutrinas, com *slogans*, com frases soltas, mas com todo o amor, com toda a misericórdia. O resultado foi um homem curado, salvo, integrado, verdadeiramente uma nova pessoa! Esse é o caminho que precisamos aprender!

Crescer

A santidade é uma forma de caminhar, de conduzir o cotidiano da vida, de traduzir a fé em estilo de vida! Não encontramos santos iguais, pois todos têm seu jeito, suas particularidades. Isso faz pensar que ser santo é ser o que somos, sem disfarçar as fragilidades e mascarar os defeitos. Ser santo é ser inteiro!

A *Lumen Gentium*, documento do Concílio Vaticano II, afirma que "a santidade é a vocação comum de todos os cristãos" (cf. LG, 39). Ou seja, a santidade não é um troféu individual, mas uma graça, um dom, um sopro, uma oferta que Deus coloca no coração. Ninguém é santo sozinho! Somos responsáveis por fazer esse dom crescer! Aí está a grande potência escrita por São João: "O grande presente que Deus nos deu é de sermos chamados Filhos de Deus" (1Jo 3,1-3). Ser santo é deixar Deus crescer em nós, em uma relação íntima de filho e de Pai, realizada pelo Espírito Santo.

"Quem são esses vestidos com roupas brancas? De onde vieram? […]. São eles que lavaram e alvejaram as suas roupas no sangue do Cordeiro" é a linguagem utilizada pelo Apocalipse (7,2-4.9-14). Jesus é o Cordeiro! "Lavar as roupas no sangue" é oferecer-se por inteiro, entregar-se por completo, tomar nossas lágrimas, nossas dores, nossas cruzes, nossa humanidade para serem renovadas no sangue do Ressuscitado. Lavadas no sangue, continuam brancas, porque em Deus tudo escapa da força da lógica, porque em Deus tudo é novo.

O evangelho das bem-aventuranças (Mt 5,1-12a) facilita o caminho de discernimento da santidade, na proposta de Jesus Cristo:

1. Os santos são capazes de diminuir o passo para esperar os outros. Santos não correm, são os que inauguram o passo demorado porque descobrem que a fidelidade nunca é solitária e egoísta e que, se alguém está para trás, é preciso ajudá-lo a caminhar;
2. Santos são os que lavam os pés do mundo. O discurso das bem-aventuranças indica o caminho de humanização. Felizes são os pobres no espírito, os que vivem a paz, os que são misericordiosos, os que têm fome, sede..., os que são perseguidos por causa da justiça. São aqueles que estão com os pés bem próximos da realidade da história. Santos são as pessoas que lavam as dores da história, mesmo machucados por ela, sem tirar os olhos de Jesus!

O Papa Francisco, na Exortação Apostólica *Gaudete et Exsultate*, sobre o chamado à santidade no mundo atual, escreveu:

Lembremo-nos como Jesus convidava os seus discípulos a prestarem atenção aos detalhes: o pequeno detalhe do vinho que estava acabando em uma festa; o pequeno detalhe de uma ovelha que faltava; o pequeno detalhe da viúva que oferecera as duas moedinhas que tinha; o pequeno detalhe de ter azeite de reserva para as lâmpadas, caso o noivo se demorasse; o pequeno detalhe de pedir aos discípulos que vissem quantos pães tinham; o pequeno detalhe de ter a fogueira acesa e um peixe na grelha enquanto esperava os discípulos ao amanhecer (n. 144).

A santidade é um percurso comunitário, formado da pequenez, do dia a dia, da persistência, da atenção, da fidelidade a Jesus Cristo até o fim!

AGIR

O evangelho segundo Mateus dedica três capítulos para o chamado "Discurso da Montanha", que se inicia com as bem-aventuranças (5,1-12) e conclui-se com esta observação: "Todo aquele que ouve estas minhas palavras e as põe em prática será comparado a um homem sensato que construiu a sua casa sobre a rocha" (7,21-29). Seguir Jesus é configurar para si um estilo de vida novo.

O risco é "construir a casa sobre a areia", que está destinada a ruína: "Caiu a chuva, vieram as enxurradas, sopraram os ventos e deram contra aquela casa, e ela caiu". O perigo da fé, de fato, é permanecer no "Senhor, Senhor" sem "colocar em prática". Não se trata de reforçar o tradicional dualismo – teoria e prática –, mas sim, justamente, de perceber como ambas caminham juntas, como fé e vida. Permanecer em um dos lados é reduzir a força! Quando Jesus pediu para "praticar", tinha presente que aquelas pessoas estavam, antes, ouvindo, acolhendo, meditando, ou seja, de alguma forma, a prática está em assimilar o conteúdo do ensinamento de Jesus, um ensinamento marcado pela prática!

Praticar sem compreender e refletir pode levar ao ativismo estéril e ao rápido cansaço. Praticar o ensinamento de Jesus é um convite à sensatez, ou seja, ao equilíbrio, ao discernimento, à prudência com a sustentação da base! O místico e poeta Angelus Silesius ajuda a ampliar a experiência e o significado de praticar:

> Vai aonde não podes,
> vê onde não vês,
> escuta onde nada ressoa,
> e assim estarás onde Deus fala.

Desinstalar-se

"Tu vieste aqui para nos atormentar antes do tempo?", perguntaram para Jesus os dois homens endemoniados que viviam em condições terríveis, habitando um cemitério (Mt 8,28-34). A presença de Jesus incomoda, provoca, desinstala. De fato, a certa altura, Jesus disse: "Eu vim trazer fogo sobre a terra" (Lc 12,49). O fogo é a potência de mobilizar e de devastar! Jesus veio para desestabilizar os "demônios"! Os "nossos demônios" gostam de trancafiar, enclausurar em dependências, vícios e medos! Eles tremem diante do poder da Palavra que transfigura, que dilata e que abre a vida para ser mais vida, distante dos "túmulos". O fogo é a metáfora da abertura: nada o segura, nada o fecha, e, com ele, tudo se expande. O Reino de Deus é sempre um tênis para calçar e uma estrada para percorrer. Às vezes, o tênis e a estrada são um percurso interior!

Os demônios são a negação da nossa identidade! Libertar-se dos demônios é ser aquilo que realmente somos, para sempre! Livrar-se dos demônios exige um movimento duplo: confiar em que o Senhor é mais forte do que eles e assumir a responsabilidade de uma vida livre, que abre a responsabilidade em tomar decisões que nos afastam do fechamento e da dependência! Foi esse discernimento que, com uma pitada de ironia, o gato sugeriu para Alice (*Alice. Aventuras de Alice no país das maravilhas*):

"Onde fica a saída?", perguntou Alice ao gato, que ria.
"Depende", respondeu o gato.
"De quê?", replicou Alice.
"Depende de para onde você quer ir...".

Agregar

O evangelho guarda os verbos do discipulado: Jesus "viu" e "chamou" Mateus, que, em seguida, "levantou" e "seguiu" Jesus (Mt 9,9-13). A iniciativa de todo chamado sempre é de Jesus. O olhar de Jesus alcançou a situação de pecado que Mateus vivia na coletoria de impostos. Não obstante, é um olhar que chama, que provoca, que mobiliza. A resposta é sempre um movimento, um transformar-se a partir de dentro. De fato, "levantar" é o mesmo verbo grego de "ressuscitar". O olhar de Jesus ressuscitou uma pessoa que estava como morta em sua condição de vida. A resposta de Mateus é o seguimento.

O texto continua com um encontro na casa de Mateus, ao redor da mesa. A casa é o símbolo da Igreja nascente, e a mesa é o lugar do banquete, antiga imagem da comunhão do céu e da terra. Outros personagens tomam conta da narração – publicanos e pecadores – e se achegam para dentro da casa e ao redor da mesa. Uma novidade tremenda: os não convidados, os não seguidores, também têm lugar!

Jesus não afastou nenhum deles! O banquete, dentro da casa, não é lugar somente de alguns, de selecionados, não é o espaço de quem possui as mesmas características, uma pretensa pureza. O estranho, o diferente, o estrangeiro, o pecador, são parte da comunhão de Jesus. Ninguém fica de fora da mesa, mesmo com a reação dos fariseus, que se achavam no poder de separar os bons dos maus.

A salvação, conclui o evangelho, não é um prêmio, não é um mérito, mas sim uma oferta gratuita de Deus. Deus salva por amor! O critério fundamental é a misericórdia, essa potência de um coração que funciona. A vida nova de Mateus começa da misericórdia. A nossa vida cristã é estruturada na misericórdia. Dentro da casa, ao redor da mesa, a misericórdia é o remédio que consola toda dor e cura toda ferida na garantia de que ninguém precisa ficar de fora.

Alcançar

O Pe. Giovanni Vannucci dizia que ter fé é alcançar "uma nova visão de todas as coisas". Trata-se de enxergar a novidade da história nas contradições de cada tempo! Uma pessoa de fé, assim, é uma pessoa de esperança, alguém capaz de encontrar um feixe de luz, porque em tudo há uma novidade que Deus pede para ser descoberta! A esperança está sempre entre o ilusório otimismo e o fracassado pessimismo!

O evangelho conta sobre a cura de dois cegos (Mt 9,27-31). No início, o texto diz exatamente que "dois cegos seguiram Jesus gritando". Como podem dois cegos seguirem alguém se são cegos?

Talvez a intenção seja exatamente afirmar que é no paradoxo, na incerteza, na estranheza que o milagre é possível! Quase sempre nos apegamos ao território das evidências, não gostamos das dúvidas e preferimos uma espécie de racionalismo puro e permanente! Tudo deve ser minimamente explicado!

Não é difícil perceber, por exemplo, que, quando estamos diante de uma obra de arte que não entendemos, logo chegamos à conclusão de que "ela não tem sentido, é feia…". Tudo deve ter o "nosso" sentido? Todas as coisas devem ser a revelação da "nossa racionalidade"? A verdade é que Deus atravessa essa fronteira. O paradoxo é o lugar de Deus! A pergunta é o lugar de Deus! A falta de lógica pode ser o lugar de Deus!

A fixação na certeza pode tornar-se um fechamento para a graça! Quando se quer respostas para tudo, talvez não se dê mais espaço para Deus! É no território da busca contínua, da meta, do projeto de vida, que vamos buscando as luzes, por menores que sejam, para iluminar os dias e o futuro! No final das contas, como escreveu Paul Claudel, "a vida é uma grande aventura na direção da luz".

Sensibilizar-se

A narrativa do Gênesis recolhe trechos que fazem parte da história do conhecido José do Egito (Gn 41,55-57; 42,5-7a. 17-24a). Ele havia sido vendido por seus irmãos, mas, com o passar do tempo, tornou-se o grande administrador dos bens do faraó. A leitura inicia-se dizendo que "todo Egito começou a sentir fome". Também os irmãos de José começaram a viver a carestia e, sem saber, foram pedir ajuda "ao administrador". O texto desvela esse encontro: ao contrário deles, José logo os reconheceu. O que parecia ser o momento da vingança transforma-se em lugar de discernimento.

De fato, José, depois de prendê-los por três dias, entregou o trigo que procuravam para matar a fome, mas pediu que "buscassem o irmão mais novo". José era o irmão mais novo! O diálogo que se segue, entre os irmãos, é revelador da tomada de consciência do erro cometido: "Sofremos justamente essas coisas, porque pecamos contra o nosso irmão: vimos a sua angústia, quando nos pedia compaixão, e não o atendemos".

A narrativa dá o salto da punição para o amadurecimento: é preciso ser sensível às angústias que vivemos! As angústias são chaves para acessar planos mais profundos da vida! Não atender às angústias é um anestésico, nunca a cura da ferida, apenas um disfarce da dor! Se o texto revela uma falta de responsabilidade e de fraternidade na relação entre os irmãos, a angústia é, também, um rio interior que precisa ser navegado!

Ao constituir o grupo dos doze (Mt 10,1-7), Jesus sinalizou que todos os discípulos devem ser mestres da sensibilidade, na atenção às dores do mundo, no respeito ao tempo e à história de cada pessoa. A maior notícia a ser anunciada não é uma doutrina ou uma teoria, mas a mensagem de que "o Reino dos Céus está próximo", de que Deus está sempre conosco!

Abrandar

José do Egito foi odiado, perseguido, maltratado e vendido pelos seus irmãos. Com a reviravolta da história, tornou-se o grande administrador dos bens do faraó. No texto do Gênesis (44–45), acompanhamos a sua revelação aos irmãos que tinham ido pedir alimento para matar a fome: "Eu sou José!". Os irmãos não conseguiam acreditar! Para quem esperava vingança e punição, o texto conclui com outra forma de agir diante do mal: "Não vos aflijais nem vos atormenteis por me terdes vendido a este país. Porque foi para a vossa salvação que Deus me mandou adiante de vós, para o Egito".

José fez uma releitura da sua vida, acolheu todo o sofrimento que seus irmãos causaram e inverteu a lógica: não devolveu o mal com o mal e conseguiu perceber a ação de Deus na sua história. José não era relativista, como muitos podem argumentar! Trata-se da maturidade de olhar tudo com os olhos de Deus!

José recorda para nós que fazer o bem não é uma retribuição, fazer o bem não é entregar um troféu para os bons. A exigência de fazer o bem é fazê-lo gratuitamente, fazer por acreditar no bem! Esse discernimento é bem difícil de alcançar, porque, geralmente, pensamos que somos juízes que, com critérios legislados pela nossa cabeça, devemos selecionar quem merece e quem não merece o bem que realizamos.

Goethe, no poema *Fausto*, contava sobre um diálogo com o diabo: "Quem é você?", ao que o diabo respondeu: "Sou parte daquela força que quer eternamente o mal e eternamente trabalha para o bem". Tremendo: também o diabo "aparenta" trabalhar para o bem, sem nunca deixar de ser a força do mal.

Jesus, no evangelho (Mt 10,7-15), não deixa de convidar os discípulos a comunicarem o evangelho com o estilo de Deus. Tudo pode ser sintetizado na grande expressão: "De graças recebestes, de graça deveis dar".

TECER

A "trama" que envolveu o nascimento de Moisés (Ex 2,1-15) coloca em evidência a capacidade de abrir-se para a vida. A filha do faraó, junto das demais mulheres, desperta na humanidade a possibilidade de encontrar uma saída de esperança diante do decreto do faraó de "matar todos os recém-nascidos". O pequeno Moisés foi salvo, e a imagem da "cesta de junco" comprova a importância da organização para que a vida seja preservada. Onde há abertura à vida, mais vida é possível!

Corazim, Betsaida e Cafarnaum, cidades censuradas por Jesus no evangelho, contam ao mundo como é autodestrutivo o fechamento (Mt 11,20-24). Foi nelas que Jesus realizou boa parte dos seus sinais, e mesmo assim não souberam acolher a vida que era comunicada, preferindo encerrar-se em si mesmas. Negar a acolhida, a hospitalidade, é diminuir a vida e trilhar um caminho da morte, mesmo destino de Sodoma e Gomorra!

Os dois quadros atravessam a nossa vida! Somos abertura e fechamento, vida e morte, tensão permanente entre a fecundidade e a esterilidade! Da escola de Jesus e da escola das mulheres do Êxodo, no entanto, aprendemos sobre ativar a sensibilidade, sobre a generosidade, sobre a compaixão com a vida, sobre a capacidade de ser humano e de abrir caminhos de humanização. Precisamos tecer novas "cestas de junco" para acolher outras vidas ameaçadas. É a estrada para abrir a vida, a estrada do evangelho!

Descansar

As palavras de Jesus aproximam o descanso e a relação: "Vinde a mim, vós que estais cansados!" (Mt 11,28-30). Normalmente se pensa que descansar é ir para longe de tudo, ficar sozinho, quieto, e, às vezes, isso é muito importante. No entanto, Jesus inverte a proposta. É o vínculo com Ele que guarda o maior repouso. Encontrar-se com Jesus é encontrar-se com o destino de toda pessoa humana. É possível dizer, então, que são os vínculos saudáveis, entre nós, que ajudam a descansar e contribuem para a vida ser mais tranquila e reconciliada!

De fato, o cansaço pode ser sintoma de relações pesadas, sufocantes e, pelo evangelho, o melhor remédio não é escapar dessas relações, mas esforçar-se para compreendê-las, enfrentá-las e curá-las. Não se trata nem de mascarar, nem de anestesiar, mas sim de assumir também a nossa fragilidade, que também é um dom, e de buscar formas para dar sentido a tudo.

Adélia Prado tem uma poesia chamada "Ensinamento", em que relaciona com fineza estudo e sensibilidade:

Minha mãe achava estudo a coisa mais fina do mundo.
Não é.

No princípio, o Verbo!

A coisa mais fina do mundo é o sentimento.
Aquele dia de noite, o pai fazendo serão, ela falou comigo:
"Coitado, até essa hora no serviço pesado".
Arrumou pão e café, deixou tacho no fogo com água quente.
Não me falou em amor.
Essa palavra de luxo.

"A coisa mais fina do mundo é o sentimento". A coisa mais fina do mundo é a relação!

Amparar

A resposta de Jesus aos fariseus que acusavam os discípulos de violar a Lei do sábado se configura em uma das grandes inversões indicadas pelos evangelhos: "Quero a misericórdia e não o sacrifício" (Mt 12,1-8). Jesus olha para a Lei a partir da necessidade das pessoas, no caso, a fome dos discípulos que foram apanhar espigas para comer.

É muito fácil cair na armadilha do legalismo e da rigidez! A vida rígida é tentadora porque aparenta trazer segurança, mas, no fundo, é somente um pó para esconder os vazios. De fato, quem é muito rígido com os outros costuma ser muito benevolente consigo mesmo. O psicanalista italiano Massimo Recalcati analisa isso com categoria: "O sacrifício torna-se patológico quando gera uma satisfação no sujeito e se torna critério de superioridade moral em relação aos outros".

O Deus de Jesus Cristo só pode ser conhecido e amado por meio da misericórdia. "Sede misericordiosos como o vosso Pai é misericordioso" (Lc 6,36). A misericórdia é uma via de mão dupla: ao lançar-nos na direção do outro, reconhecemo-nos a nós mesmos necessitados de misericórdia. A misericórdia ajuda a descobrir no outro um irmão e uma irmã que substitui o rápido gatilho do julgamento, próprio da rigidez.

No princípio, o Verbo!

Misericórdia, misericórdia..., e não a frieza e a rigidez da Lei! Lucia Mondela, prometida em casamento a Renzo, protagonista de um dos romances mais importantes da literatura italiana, Os *noivos [I promessi sposi]*, de Alessandro Manzoni, dizia que "Deus perdoa muitas coisas por uma obra de misericórdia".

Semear

Mestre Eckhart foi um místico da unidade! O frade dominicano deixou grandes reflexões: "Deus e eu somos um, Deus trabalha e eu me transformo", dizia em um dos sermões. A ideia do "trabalho de Deus" é muito próxima à parábola do bom semeador, imagem do agricultor que, com as mãos cheias de sementes, se lança a semear, não obstante o terreno. É que o amor de Deus não é um amor repartido, mas sim sempre integral, sempre incondicional, sempre confiante de que o terreno possa "se transformar" fecundamente!

O conhecido evangelho (Mt 13,1-23) faz meditar um aspecto muito importante: não é porque a terra é boa que o semeador lança a semente. O semeador sempre lança a semente! De fato, a parábola inicia-se assim: "O semeador saiu para semear". No coração do semeador está a arte de semear. Ele semeia nas pedras, na beira do caminho, nos espinhos. O semeador é um especialista em confiança, é feliz porque semeia e semeia porque ama!

Deus é o artista das sementes! O esforço de cada pessoa e de cada comunidade é deixar-se encontrar pela "semente" de Deus. Trata-se de abrir espaços para que Deus transforme nossa vida em mais vida. Apesar da minha fragilidade, dos meus pecados, da minha tentativa de apequenar a vida, Deus continua lançando a semente.

Deus continua lançando sementes, apesar da "minha terra seca", porque isso não é o mais importante! O mais importante é tomar consciência de que existem sementes e existe o bom semeador! Cumpre-se, então, a profecia de Isaías (55,10-11): "Assim a palavra que sair de minha boca: não voltará para mim vazia; antes, realizará tudo que for de minha vontade e produzirá os efeitos que pretendi, ao enviá-la".

Formar

O Papa Francisco, na Exortação Apostólica *Amoris Laetitia*, dentro da reflexão sobre a situação difícil das famílias, escreveu: "Somos chamados a formar as consciências, não a pretender substituí-las" (n. 37). O dever moral de quem se coloca ao lado das situações mais complexas da vida é ser um canal da graça de Deus, um facilitador da esperança, um alívio do fardo, com a disposição de favorecer o discernimento a partir da vida compartilhada, e não da imposição de regras morais e doutrinais.

O apelo de Francisco não deixa de encontrar resistências, mas é fundamental entendê-lo no mapa inaugurado pela boa notícia do Reino de Deus. No evangelho, Jesus conta três parábolas: do joio e trigo, da semente de mostarda e do fermento (Mt 13,24-43). Vamos permanecer na primeira: um homem semeou boa semente no seu campo, veio o inimigo e semeou o joio, uma planta invasora que prejudica a produção do trigo. Estamos dentro da grande questão do bem e do mal. Deus não semeou o mal, mas ele existe! O que fazer? A solução dos empregados: "Queres que vamos arrancar o joio?". E a resposta do patrão: "Não...; deixai crescer!".

O patrão tinha consciência de que, na tentativa de arrancar o joio, poderiam arrancar também o trigo; por isso, pede que o deixem crescer! É na colheita que o grão vencerá! É curioso, porque o patrão acredita muito no grão e, porque acredita nele, confia e sabe esperar! Os empregados querem resolver no impulso e correm o risco de colocar tudo a perder!

O patrão prefere falar da boa semente; os empregados preferem dar atenção ao joio. É uma diferença fundamental quando pensamos o campo do nosso coração e o campo da nossa vida! Qual é a nossa prioridade? Onde gastamos mais tempo? Será que o cansaço não é porque estamos olhando sempre para o joio e deixando de lado a boa semente?

"Deixai crescer" é um projeto de vida, de confiança, de amor, de paciência! É próprio de quem não quer substituir a vida de ninguém, mas quer ajudar a amadurecer, a esperar frutificar! É aquilo que a gigante Simone Weil falou de outra maneira: "É preciso aceitar tudo, tudo, sem exceção, em nós e fora de nós, em todo o universo, com o mesmo grau de amor; mas o mal como mal, o bem como bem".

Conformar-se

Santo Inácio de Loyola deixou nos *Exercícios Espirituais* uma das grandes sabedorias para o nosso tempo: "Não é o muito saber que sacia e satisfaz a pessoa, mas o sentir e saborear as coisas internamente" (EE 2). Trata-se de ativar a realidade aprendida pelos sentidos: olhar, escutar, tocar, degustar, sentir o cheiro…, porque o mundo não pode ser resolvido por abstração!

Jesus era um mestre do sentir e do saborear e utilizava desenhos em forma de parábolas, para ajudar as pessoas a experimentarem o amor do Pai! O evangelho conta a parábola da semente de mostarda e do fermento na massa (Mt 13,31-35). Trata-se da lógica da desproporção: de um lado, a menor de todas as sementes e o ralo fermento; do outro, a gigante árvore e o pão fermentado.

Somos a pequena semente que só tem sentido ao tornar-se árvore para que "as aves do céu façam seu ninho". O grão, por si só, não muda nada, mas o grão que cresce, que se abre, que se expande, é sempre lugar de "ninhos novos". Também o fermento só tem sentido para tornar tudo levedado.

O Papa Francisco escreve que, "se consigo ajudar uma só pessoa a viver melhor, isso já justifica o dom da minha vida" (EG 274). É no rompimento da postura fechada que o grão quebra a sua pequenez para produzir galhos e possibilitar ninhos. O ninho é a sombra, é o ar puro, é a respiração nova, é o impulso para alcançar voos mais longos. Sem "ninhos", a vida é muito mais difícil!

Essa é a graça para pedir: da pequenez e da fragilidade que me habita, que parece desproporcional com os desafios da realidade, procurar ser um dom para o mundo, conformando com Jesus Cristo, com pequenos gestos de amor e de reconciliação! De fato, "é do fundo da minha miséria que toco Deus", refletia Simone Weil.

Optar

Quando tudo tende a ser excessivo, a pergunta que permanece é: "De todas as possibilidades, quais eu escolho?". Nosso tempo vai deixando claro que a saúde mental, espiritual e física está muito próxima das nossas prioridades. Escolher é um mapa fundamental! Não se pode passar uma vida na neutralidade. Com o avanço da neurociência e da descoberta da neuroplasticidade, de como o cérebro e o sistema nervoso se ajustam às novas configurações e as repetições que fazemos, as escolhas se tornam ainda mais fundamentais.

Assim também é com a fé! No evangelho, Jesus contou duas parábolas para ilustrar o Reino de Deus, o projeto de amor que Ele anunciou e viveu (Mt 13,44-46). Primeiro, sobre homem que encontrou um tesouro no campo e o manteve escondido até vender seus bens e comprar aquele campo. O segundo diz respeito a um comprador de pérolas preciosas que encontrou uma de grande valor e, da mesma forma, vendeu todos os seus bens para comprar aquela pérola.

As comparações guardam uma grande proposta: vender muitas coisas para comprar uma só! Descobrir o tesouro, a pérola preciosa, é o exercício de colocar a força maior em determinada direção! Quando se quer ter tudo, não se tem nada, porque o tudo é fugaz e escapa das mãos!

As duas parábolas guardam outro movimento fundamental: o homem que encontrou o tesouro no campo não buscava, mas encontrou acidentalmente. Já o outro, segundo o texto, "procurava pérolas preciosas". O Reino de Deus é graça e dom, ou seja, acontece fora das nossas forças, como mistério e presente de Deus; mas também é busca, movimento, intenção de fazê-lo. Nessa dinâmica de graça e de movimento, é possível dizer que os dois homens foram encontrados, um pelo tesouro, outro pela pérola, e as escolhas de ambos são uma resposta ao encontro primeiro!

Como tem sido as escolhas que costuram a nossa vida? Para onde elas nos levam? Como traduzir o centro do projeto de Jesus, o Reino do Pai, no cotidiano das relações com a família, com os amigos, com os vizinhos, com o cenário social e mesmo com nossa vida interior?

Repartir

Primo Levi, em seu livro *Se isto é um homem,* um dos seus grandes testemunhos como sobrevivente dos campos de concentração, narra sobre Lorenzo, o qual todos os dias dava para ele parte da sua ração de pão no campo de Auschwitz: "Acredito que foi realmente devido a Lorenzo que estou vivo hoje; e não tanto pela sua ajuda material, mas sobretudo por ter-me lembrado constantemente, por meio da sua presença, por meio da sua maneira natural de ser bom…, algo difícil de definir, uma possibilidade remota de bem, mas pela qual valeu a pena sobreviver. Graças a Lorenzo, consegui não esquecer que eu mesmo era um homem".

A nossa vida é cheia de contradições! O que nos salva, nos resgata do fundo do poço, é a natureza do bem. Fazer o bem não é um descarrego de consciência, não é uma válvula de escape. O bem é a âncora que sustenta a humanidade. É a solidez da ração de pão entregue ao outro dentro do império do "salve-se quem puder". O bem é repartir as misérias!

No evangelho, Jesus compara o Reino de Deus com uma rede lançada ao mar que apanha todo tipo de peixes (Mt 13,47-53). Mais tarde, na praia, os pescadores separam os peixes bons dos peixes ruins. A rede cheia, tal qual a vida, é repleta de ambiguidades. Bons e ruins são reunidos e, depois, separados em um generoso ritual. Quem decide? Parece que a ração de pão repartida é um bom exemplo! O julgamento não é exterior, não se trata do cumprimento de uma norma, mas sim da vocação ao bem que nos habita. Em cada realidade exterior e interior, o discípulo de Jesus é chamado a ser como um pai de família "que tira do seu tesouro coisas novas e velhas", ou seja, que é capaz desvelar o bem.

Saltar

Pedro não era um homem sem coragem! De fato, o evangelho (Mt 14,22-36) narra a sua vontade de caminhar sobre as águas, como Jesus estava fazendo. A tempestade que agitava a barca e a noite escura criavam um ambiente de pavor. O contrário do pavor não é a coragem, o contrário do pavor é a capacidade de acreditar! Pedro era corajoso, mas tinha pouca fé! A coragem pode criar a ideia de que tudo depende das nossas forças, a fé ajuda a abrir o mapa da confiança, do abandonar-se às forças da vida, à graça de Deus!

Enquanto Pedro afundava, "Jesus estendeu a mão". Há sempre uma mão que nos salva, mesmo nas piores tempestades da vida! Não é um fantasma, não é uma ilusão; há sempre uma mão! Pedro precisava entender que não se trata de "imitar" Jesus, mas de "seguir" Jesus! Cada pessoa, com a sua história, com as suas "águas turbulentas", é convidada a confiar e a seguir! Deus não tira os problemas, não fere a liberdade das escolhas, mas é a vida que pulsa ao nosso lado e ajuda a encontrar e maturar outras direções.

Nas paredes de Varsóvia, há mais de cinquenta anos apareciam escritas estas palavras, que ajudam a meditar e aprofundar o significado de acreditar: "Acredito no sol, ainda que não brilhe! Acredito no amor, ainda que não o sinta! Acredito em Deus, ainda que não O veja!".

Aumentar

Em "Carta a Lotte Hepner", datada de 8 de novembro de 1915, Rilke interrogava: "Se somos, sem cessar, falhos no amor, inseguros nas decisões e incapazes diante da morte, como é possível existir?". As sempre novas questões sobre a condição – e contradição – humana são companhias inseparáveis de pensadores, escritores, teólogos, artistas, poetas...

Ao anunciar a morte na cruz, também Jesus sugeriu um itinerário para os seus discípulos, a fim de alcançarem uma vida realizada (Mt 16,24-28). Os verbos do evangelho sublinham o próprio movimento da condição humana: "perder", "encontrar", "salvar", "renunciar". No centro está "seguir". O seguimento de Jesus, em palavras e atos, vai exigindo a "renúncia de si", ou seja, a centralidade do outro, a comunhão, a vitória contra a autorreferencialidade; e "tomar a cruz", assumir a vida no amor e ofertá-la até o fim!

"Ganhar a vida", para Jesus, significa "perdê-la". Não se trata de uma apologia à derrota e ao fracasso, mas sim um convite à maturidade de "gastar-se", "perder-se", "diminuir-se" para que cresça o amor, cresça o bem, cresça a esperança. É a vocação a abrir a vida!

Na oitava *Elegia de Duíno*, o mesmo Rilke inicia, dizendo: "Com todos os seus olhos, a criatura vê o aberto". Se estamos cansados com as exigências de ganhar, conquistar..., Jesus recorda que o movimento, talvez, pode ser diferente: descentralizar-se e, como diz o poeta, ver o aberto, que é sempre um ver melhor, um viver maior!

Transfigurar-se

O evangelho da transfiguração carrega os movimentos de subir e de descer. (Mt 17,1-9). De fato, Pedro, Tiago e João foram convidados por Jesus a "subirem" uma alta montanha. Subir a montanha é escalar para dentro de si, é romper a escuridão do coração e a frieza que vai tomando conta dos nossos gestos para deixar a luz e o calor do sol passar! Na alta montanha, mais perto de Deus, Jesus foi transfigurado: "O seu rosto brilhou como o sol, e as suas roupas ficaram brancas como a luz". Com Moisés e Elias, que representam, respectivamente, a Lei e os Profetas, os primeiros discípulos experimentaram a luminosidade da Páscoa, anteviram as realidades do céu: "É bom ficarmos aqui!".

Mas era preciso "descer" a montanha! Experimentar a luz significa assumir o compromisso da luz: "Este é o meu filho amado, escutai-o" foi a voz que alcançou os ouvidos dos discípulos. Escutar Jesus! Escutar a vida! "Descer" é entrar na escola da escuta! Agarrados às nuvens, abraçados pela luz, acesos de sol, a transfiguração é uma alavanca que facilita mergulhar no cotidiano para assumir tudo, viver tudo, amar tudo, transfigurar tudo!

"Levantai-vos e não tenhais medo!" A transfiguração e a Ressurreição estão sempre vinculadas! De fato, "levantar" e "não temer" são expressões pascais que encontramos sempre nos relatos do Ressuscitado. A disposição de "estar de pé", de "enfrentar os medos", de comunicar o amor no mundo deve ser a chave que dispara o coração de um seguidor de Jesus Cristo!

Subir e descer podem ser compreendidos como divinizar e humanizar. A tradição oriental prefere chamar a transfiguração de divinização! Todo o universo, em Jesus Cristo, assume a vocação de "ser como Deus" no "ser com a vida". Teilhard de Chardin, em O *meio divino*, traduziu a missão da transfiguração na "tarefa de divinizar todo o universo". O mundo transfigurado é o mundo onde cada pessoa poderá dizer, sem dificuldade: "É bom estar aqui!".

Aprender

O poeta polonês Jan Twardowski escreveu:

Até o maior santo
é carregado como um galho
pela formiga da fé.

Diante da incapacidade de os discípulos realizarem uma cura, Jesus lhes disse: "Se vós tiverdes fé do tamanho de uma semente de mostarda, direis a esta montanha: 'Vai daqui para lá' e ela irá" (Mt 17,14-20). O pai que buscava a cura do filho epilético que "sofre de ataques tão fortes que muitas vezes cai no fogo e na água" é o ícone do amor! O quadro do evangelho coloca-o ajoelhado, suplicando a Jesus! É o amor atravessado pela busca do milagre, pela vontade de encontrar uma vida melhor para quem tanto amava. Trata-se do ícone do próprio Deus, que, como Pai, não deixa nenhum filho na fronteira do amor, especialmente os sofredores.

Esta, talvez, seja a incapacidade dos discípulos: ao buscar uma fé grande, piedosa, cheia de pureza, não conseguiam viver a compaixão nem consolar os que padeciam. A gramática que Jesus abriu é outra: não se trata de "quantidade de fé", pois ela pode ser minúscula como o grão de mostarda, carregada por uma formiga, mas precisa ser uma fé sempre aberta para o mundo, em diálogo com as pessoas, com os interlocutores do evangelho, sobretudo uma fé sensível à dinâmica da cruz e dos crucificados.

Diante daquele pai, Jesus "expulsou o demônio" do menino, que, "na mesma hora", ficou curado! A força de vencer o mal nasce do anúncio da força do bem! A fé não é uma varinha mágica, mas é a escola de aprender a amar, cada dia um pouquinho!

Entregar

O anúncio da paixão de Jesus Cristo é atravessado pela pergunta dos cobradores de impostos a Pedro: "O vosso mestre não paga o imposto do Templo?" (Mt 17,22-27). Trata-se da permanente tensão entre o "dom" e a "obrigação". De fato, Jesus viveu toda a vida como entrega, como "pagamento", e a prova maior foi a cruz. A taxa do Templo era infinitamente menor que o significado da Páscoa de Jesus, mas, para não escandalizar ninguém, Jesus disse a Pedro: "Pega, então, a moeda e vai entregá-la a eles, por mim e por ti". A liberdade com que Jesus realizava cada gesto era firmada no compromisso de não gastar muita força com questões secundárias.

Uma das grandes conquistas da vida é a liberdade! Com pessoas livres é muito fácil de conversar, de conviver. Elas são sempre generosas em acolher! Pessoas livres não se preocupam tanto com "o que os outros vão achar", mas também descobrem que a liberdade é sempre um caminho de libertação, um "sapato" para calçar todos os dias. A liberdade não é um ponto de chegada, mas sim sempre um ponto de partida na dinâmica de "livremente ser".

Um dos maiores testemunhos de liberdade, dentro do campo de concentração de Auschwitz foi o de São

Maximiliano Maria Kolbe! O padre polonês foi preso em 1941 e partilhou o destino de sofrimento de muitos prisioneiros. O episódio mais conhecido da sua história data de julho de 1941, quando um dos prisioneiros fugiu e, como castigo, a "lei do campo" escolhia dez presos para morrer de fome. Um dos escolhidos era Franciszek Gajowniczek, pai de família, que, quando ouviu seu nome, começou a chorar por causa dos filhos.

O Pe. Kolbe, então, se ofereceu para ir no lugar daquele pai. Por tratar-se de um padre, o guarda logo aceitou a troca, pois o ódio contra os religiosos era grande. Os dez presos sobreviveram catorze dias e, em 14 de agosto, para apressar a morte daqueles que os guardas encontravam sempre rezando, decidiram matá-los com uma injeção de fenol. Também partiu assim Maximiliano! O seu testemunho de liberdade, de dom, de entrega é o ressoar de quem assumiu radicalmente a Páscoa e o amor de Jesus Cristo e transformou o evangelho em vida.

Fazer

"Mestre, o que devo fazer de bom para possuir a vida eterna?" é a pergunta feita a Jesus no evangelho (Mt 19,16-22). A dúvida sobre a felicidade, sobre o sentido da vida, nos acompanha desde sempre. Trata-se da questão moral fundamental! De fato, em 1993, o Papa João Paulo II escrevia uma Carta Encíclica – *Veritatis Splendor* – sobre as questões fundamentais do ensinamento moral da Igreja. Todo o primeiro capítulo (nn. 6-27) toma como ponto de partida este evangelho e a pergunta: "O que devo fazer?".

Somos costurados pelo tema dos comportamentos, das atitudes, das formas de "ser". O que é bom e o que é ruim? Curioso que dentro da pergunta do evangelho há um "de bom", ou seja, na consciência de cada pessoa já está o chamado a realizar o bem! É verdade também que, muitas vezes, não conseguimos alcançá-lo – "não faço o bem que quero e faço o mal que não quero!", escreveu São Paulo aos Romanos (7,19).

O itinerário traçado pelo evangelho amarra a pergunta com a Lei de Deus, os mandamentos, e o convite a seguir Jesus! Esta é a essência do "devo fazer" cristão: conjugar a liberdade humana, o caminho a ser feito com Deus por meio dos mandamentos e o ponto mais alto do evangelho, o amor, essência do seguimento de Jesus Cristo. Este último, traduzido por Jesus de maneira muito potente: "Vai, vende tudo que tens e dá aos pobres, depois vem e segue-me!". Não se trata de uma atitude isolada ou filantrópica, mas sim da exigência de que o seguimento significa descentralizar, ampliar a vida, ser feliz com os outros, possibilitando que especialmente quem tem a vida mais ameaçada possa viver!

No fundo, a pergunta "o que devo fazer?" só tem sentido, pela fé, no encontro com Jesus Cristo. Podemos saber tudo de lei, de doutrinas, de códigos, de vídeos de *youtubers*, de preceitos, e isso pode ser muito bom; mas, se falta o encontro, se falta a intimidade, se falta o "depois segue-me!", falta tudo!

Unificar

Jesus convidou os seus seguidores a uma vida atenta! O que isso significa? Viver bem todas as coisas e todos os momentos! É verdade que nem tudo depende da nossa vontade e do nosso esforço, mas Jesus, pelo evangelho, ajuda a recuperar o valor de cada ocasião e propõe uma mudança de olhar, que busca em cada circunstância outra experiência! A fé é o milagre que faz alcançar tudo de um jeito novo, um olhar que transcende o fatalismo exagerado e o otimismo vazio! O olhar real! Onde todos veem tragédia, catástrofe, o olhar da fé procura e espera nos sinais de vida e de esperança!

O evangelho desafia a superar a "sorte dos hipócritas" (Mt 24,42-51). A vida desatenta, imprudente, apegada, fechada, voltada para si é uma vida que precisa ser transformada! A parábola que Jesus contou diz de um patrão que voltará e, ao encontrar o empregado vivendo da irresponsabilidade, "o partirá ao meio". Não se trata de um ato de violência, mas do reconhecimento que são as nossas escolhas que nos "repartem no meio", dividem, desintegram!

Quem vive pensando demais em si é uma pessoa dividida em pedaços porque tudo que faz, tudo que pensa, todas as suas estratégias estão centradas no egoísmo. Por natureza, somos relação! Negar o outro, negar a rede que formamos, é negar-se! Apagar o outro é dividir-se! Uma vida integrada e feliz é uma vida em que o outro está sempre presente!

Peçamos a graça, hoje, de uma vida integral: que aquilo que digo, aquilo que rezo, aquilo que faço, aquilo que vivo não sejam pedaços, mas a unidade do que sou!

Ser

Dez jovens saíram ao encontro do noivo! Todas elas carregavam uma lâmpada de óleo, porém cinco delas providenciaram mais óleo, caso o noivo demorasse, enquanto as outras cinco preferiram contar com a sorte. O noivo demorou! A parábola que Jesus contou aos discípulos é uma espécie de narrativa da nossa vida (Mt 25,1-13). Todos caminhamos para o encontro com o noivo! Para chegar ao noivo – "ide ao seu encontro" –, na noite da vida é preciso abrir-se, expandir os espaços e tomar cuidado ao flertar demais com os apegos.

O óleo pode não ser um item exterior, mas a própria vida! Tudo que carregamos para encontrar o noivo é o que somos, nada mais! O óleo sou eu! Ora, as jovens bem preparadas são as que entenderam que viver é mais do que esperar passivamente o futuro. É preciso amar hoje, agora, no meio das tensões e das contradições! As jovens "sem óleo", conforme o evangelho, quando despertaram e "voltaram para buscar mais óleo", quando entenderam que era preciso honestidade em "ser o que se é", já era tarde demais! O noivo chegou e fechou a porta!

A luz que carregamos à medida que caminhamos para a plenitude da vida é a luz-para-os-outros. É a luz a mais! É a lâmpada que, apesar de tudo, suporta a demora, a espera, com paciência. Quando a lâmpada é reflexo do egoísmo, uma luz-para-mim, acaba sendo luz que se pretende poderosa, mas frágil, só, tarde demais, descobre-se vã.

Tudo que carregamos é a vida! O nosso maior poder é o "ser" que se realiza na medida de ser-para-os-outros! Com razão Rilke escreveu em *Cartas a um jovem poeta*: "A vida tem razão, em todos os casos!".

Amplificar

O evangelho fala de talentos (Mt 25,14-30). O talento era uma moeda muito preciosa: um talento equivalia a 6 mil dias de trabalho ou a trinta e seis quilos de ouro. A parábola conta que um homem viajou para o estrangeiro e chamou seus empregados para dividir seus bens. Para um, entregou cinco talentos; para outro, entregou dois; e, para outro ainda, um; "cada qual de acordo com a sua capacidade". Essa expressão é fundamental porque diz que os talentos foram entregues conforme a abertura para recebê-los, não segundo a preferência do patrão.

Acontece que o patrão viajou e, quando retornou, anos depois, encontrou o que tinha recebido cinco talentos com dez talentos, o que tinha recebido dois com quatro e o que tinha recebido um apenas com um: "É que fiquei com medo e escondi o talento no chão", disse o último. Sobre ele, o patrão da parábola sentenciou: "Servo mau e preguiçoso!".

Temos no evangelho o paradoxo da compreensão da vida! De um lado, a vida em expansão, em que o cinco se abre para mais cinco, o dois para mais dois. Não é uma questão financeira, de lucro ou coisa similar. É a vida! Carregamos esse tesouro precioso, esse talento valioso, e é nossa responsabilidade fazer "render" a vida em mais vida. Do outro lado, está o medo, o esconder-se, o fechamento que torna a vida menos vida!

Teilhard de Chardin dizia que o plano de Deus é *cristificar* o universo, transformar tudo em "outro Cristo". Para isso, a evolução carrega um papel fundamental, que é abertura aos "outros cinco", aos "outros dois". O poeta latino Ovídio, no compêndio de mitos chamado *Metamorfoses*, afirmava que o ser humano foi criado da terra misturada com a água da chuva, mas com uma diferença muito grande dos outros seres vivos: enquanto aqueles devem manter o rosto voltado para o chão, o ser humano recebeu a ordem de estar com a face voltada para o céu.

Em vez de enterrar e esconder, a vida merece ser ampliada, amada, tornada sempre maior!

Ganhar

"Saber perder" é uma máxima para o mundo das competições! Os mais competitivos driblam essa desculpa, os mais tranquilos a repetem com naturalidade. A verdade é que "saber perder" também carrega um significado espiritual e teológico fundamental: amar é soltar e perder, mais do que fechar e reter.

Abraão e Sara receberam, na velhice, o maior presente que podiam imaginar: um filho! Isaac nasceu como sinal da continuidade da história e da fidelidade de Deus com o casal. No entanto, Deus pôs Abraão e Sara à prova pedindo o sacrifício de Isaac, conforme tradição do filho primogênito: "Oferece-o em holocausto" (Gn 22,1-19). A felicidade deu lugar à angústia, mas, sempre fiel, Abraão foi "ao lugar indicado por Deus, ergueu um altar, colocou a lenha em cima, amarrou o filho e o pôs sobre a lenha em cima do altar. Depois, estendeu a mão, empunhando a faca para sacrificar o filho".

A cena é tremenda! Um pai que por obediência e por amor pode "perder" o seu filho único! O que Abraão fez é muito grande. Sendo pai, amando muito, entende que não é dono, pois Isaac não é sua propriedade! O maior amor de um pai e de uma mãe é saber "entregar" e dividir o filho com o mundo para que ele seja livre de ser o que é! No fundo, é um "perder" por causa de um amor grande!

O amor de Abraão e de Sara foi acolhido por Deus, que, na exata hora do sacrifício, falou por meio de um anjo: "Não estendas a mão contra o teu filho e não lhe faças nenhum mal". Mais do que impedir o sacrifício, Deus prometeu a Abraão e Sara a bênção de uma descendência numerosa, porque Abraão soube acreditar e temer. A tradição sacrifical não tem mais lugar, o amor é o maior sacrifício!

Jesus "perdeu tudo" na cruz e abriu a estrada para "ganhar tudo" no amor. Este é o paradoxo de todos os dias: amar é sempre perder e sempre ganhar!

Elevar-se

Depois de enganar seu irmão Esaú, Jacó começou um roteiro de fuga! Cansado da viagem, acompanhado de um possível peso de consciência, Jacó decidiu passar a noite em um lugar deserto. Fez um travesseiro de pedra e dormiu. Em sonho, teve uma visão: "Viu uma escada apoiada no chão, com a outra ponta tocando o céu, e os anjos de Deus subindo e descendo por ela" (Gn 28,10-22). Jacó acordou cheio de pavor: "Este lugar é terrível!". De fato, a experiência do sonho revelava a presença de Deus, que tinha prometido a descendência aos seus antepassados: "Eu sou o Senhor, Deus de Abraão, teu pai…".

A escada de Jacó foi objeto de muita pesquisa de estudiosos da Bíblia, também de escritores, poetas, músicos, pintores e escultores. Elie Wiesel, Nobel de Literatura em 1986, utilizou a imagem para escrever sobre a relação da música com a Palavra de Deus. Para ele, os anjos de Deus "esqueceram-se" de tirar a escada e ela tornou-se a escala das notas musicais: por ela, Deus "desce" para comunicar-se conosco e nós "subimos" para alcançar Deus.

São Bento usou o exemplo da escada de Jacó na sua *Regra* para falar da humildade e do orgulho. O que "desce", ou seja, diminui a humanidade, é o orgulho, e o que faz "subir", ascender, é a humildade. Quem se acha superior, minado de prepotência, no fundo, jamais conseguirá experimentar a presença de Deus! A escada é como um ampliar da vida! Tudo que é gerador de vida ascende! Tudo que diminui a vida é descenso! Jacó, na crise que estava vivendo, fez o "terrível" discernimento de que a sua vocação era gerar descendência e fidelidade e não se perder no poder e no orgulho. O sonho de Jacó abre a gramática do evangelho, do sonho de Jesus de uma humanidade "elevada".

Lutar

Jacó nos conduz a uma grande experiência (Gn 32,23-33). Trata-se de uma luta que dura uma noite inteira. Há vários sinais que antecipam a luta: Jacó que "fugiu" com as esposas, as escravas e os filhos; Jacó que "atravessou um rio"; Jacó que "ficou sozinho". Trata-se de uma peregrinação que pode ser interpretada como um itinerário espiritual!

A fuga atesta a busca pela liberdade! É preciso procurar, movimentar-se, colocar-se a caminho, deixar-se encontrar pelo desconhecido! O exercício exige "atravessar" as gaiolas que reduzem a existência. Ao atravessar o rio, Jacó deu o salto, tomou a decisão de viver alguma coisa nova enfrentando o "rio furioso" que o habitava! Toda decisão vem acompanhada de crises, de tentações, de solidão! A imagem de Jacó sozinho é tremenda porque ele sempre disputou com seu irmão para ser o primogênito. Sempre havia outro. A luta com Esaú deu lugar à luta com "um desconhecido", que, pode-se dizer, é a luta consigo mesmo, traduzida em luta com Deus!

Toda espiritualidade carrega enfrentamentos! São Bento, por exemplo, também viveu a sua experiência espiritual em uma gruta, próximo a Subiaco, na Itália. De fato, nesse lugar, em um recolhimento de três anos, enfrentou crises e dificuldades, medos e fragilidades ao colocar-se diante de si mesmo. "Ventre da mãe" foi o nome que deu à gruta, mais tarde, por compreender que foi o lugar do seu renascimento. Dois sinais acompanharam Jacó depois da luta: primeiro, "o tendão da coxa foi deslocado" e Jacó caminhava mancando. A luta deixou uma marca, um corte, uma falta! Toda vida espiritual carrega o discernimento da incompletude, da fragilidade, do espaço vazio. Segundo, Jacó teve seu nome alterado: "De modo algum te chamarás Jacó, mas Israel". Jacó deixou de ter um nome "individual" e passou a ter o nome de um povo. Toda vida espiritual é uma abertura: uma saída do "eu" e uma abertura à comunhão com os outros!

Salvar

A cruz é consequência do amor! Todo amor, verdadeiramente amor, vem carregado de cruz! Na base do evangelho, não é possível afirmar que Deus aprove o sofrimento como método, pedagogia ou qualquer coisa do gênero. Se houve uma coisa que mobilizou Jesus, foi o sofrimento das pessoas. Carregar a cruz, nesse sentido, não é a aceitação passiva do sofrimento, mas sim o compromisso com o amor que supera o individualismo, o egoísmo, a ditadura do "eu". Toda cruz tem a potência de uma história de amor!

A afirmação do evangelho (Jo 3,13-17) é sempre desconcertante: "Deus não enviou o seu Filho ao mundo para condenar o mundo, mas para que o mundo seja salvo por ele". Não é difícil encontrar grandes discursos que se utilizam de Jesus para condenar, para declarar os culpados, os excomungados, e para sugerir punição.

Na contramão desse vocabulário, o evangelho afirma que a missão de Jesus é salvar, não condenar! Salvar não é "fazer um monte de coisas externas". Pelo evangelho, a salvação não se consegue por preceitos ou pela moral, mas por acreditar no amor! Salvar é se jogar no amor, é seguir o exemplo de Jesus, mesmo que isso signifique abraçar a cruz!

Desarmar

O discurso de Jesus sobre o pão inicia-se com um murmúrio, uma reclamação dos judeus (Jo 6,52-59). Esse grupo representa os que tinham dificuldade de entrar na nova dinâmica de vida proposta por Jesus! A atitude de murmurar é um convite à reflexão e à oração! O murmúrio pode ser legítimo quando é uma forma de traduzir um protesto ou uma crítica justa. A atenção é para que a vida não se torne um murmúrio constante, porque toda palavra pode se tornar reclamação, azedume sem fim. É certo que vivemos momentos e condições diferentes e há dias em que parece impossível não reclamar! No entanto, cair na cultura do murmúrio é um atentado à existência, ao presente e ao futuro. É que o murmúrio não deixa ver as coisas como elas realmente são!

A literatura guarda expressões muito curiosas sobre o murmúrio, de Platão a Kafka. Mesmo na tragédia de Shakespeare *Hamlet*, o príncipe da Dinamarca, em determinado momento da peça começa a murmurar: "Palavras, palavras, palavras, apenas palavras que desaparecem no ar porque não contêm nada, nascendo do nada que têm dentro". Em seguida, reconhece que "cada murmúrio é um desastre!".

A murmuração é recorrente na Sagrada Escritura. A caminhada pelo deserto do povo de Israel, conduzido por Moisés, é recheada de murmúrios: reclamam da sede (Ex 15,24; 17,3; Nm 20,2), reclamam da fome (Ex 16,2; Nm 11,4), reclamam dos perigos (Nm 14,2). Mais tarde, Paulo, escrevendo à comunidade de Filipos, desafia: "Fazer tudo sem murmurar!" (Fl 2,14). Trata-se de um estilo de vida que não sugere apatia, mas uma vigilância que ultrapassa o vício das murmurações e dá lugar para a comunhão das diferenças.

O convite à oração de hoje é revisitar a vida e perceber o risco do exagero de murmúrios. Desse lugar, desarmá-los, para seguir com mais liberdade na fidelidade ao evangelho!

DISCERNIR

Depois do discurso na sinagoga de Cafarnaum, o evangelho apresenta uma cena dramática para Jesus: muitos começaram a deixá-lo (Jo 6,60-69)! A resposta era "esta palavra é dura". É o momento que Jesus também pergunta aos doze discípulos: "Vós também quereis ir embora?". De fato, Jesus não implora a permanência, mas insiste na importância de escolher – ir ou ficar! Ele não teme ficar sozinho! A liberdade é a vocação mais próxima do coração de Deus! É preciso escolher, porque uma fé "em cima do muro" não pertence ao evangelho. Todos os dias somos chamados a discernir novamente – ir ou ficar? A resposta de Pedro pode ser um grande mapa para percorrer: "A quem iremos, Senhor? Só tu tens palavras de vida eterna!" Ter "só" Jesus, na verdade, é ter "tudo". Suas palavras se tornam a gramática de um novo estilo de vida.

O evangelho recorda algo fundamental: toda vida guarda fracassos, nem tudo é sucesso, mas, sobretudo, nem todo fracasso é um ponto final e nem todo sucesso significa que tudo está perfeitamente realizado. Também Judas escolheu ficar.

O filósofo Ortega y Gasset sugeriu a imagem do nadador diante de um naufrágio: "Naufragar não é afogar-se. O pobre humano, sentindo-se a submergir no abismo, agita os braços para manter-se à superfície. Essa agitação dos braços com que reage à possibilidade da sua perda... é já a salvação".

"Só Tu, só Tu..." é a nossa forma de agitar as mãos na direção de Deus. Não obstante os nossos fracassos e naufrágios, as nossas dificuldades em escolher ir ou ficar, peçamos a graça de saber confiar totalmente: só Tu...!

Testemunhar

Francisco de Assis convidou frei Leão para fazer uma pregação! Logo se colocaram a caminho pelas ruas de Assis e passaram a pé por vários povoados. Durante esse tempo, conversavam muito, davam risada, saudavam com alegria as pessoas que encontravam. Frei Leão começou a estranhar que o lugar da pregação nunca chegava e percebeu que já estavam fazendo o caminho de volta para casa. Quando chegaram, frei Leão perguntou: "Frei Francisco, e a pregação?". Ao que recebeu de resposta: "Já fizemos!".

A maior pregação, o maior discurso é a nossa vida, a forma como estabelecemos vínculos com outras pessoas e com toda a criação! Nada educa mais do que o exemplo, e isso serve para mães, pais, professores, agentes de pastorais, lideranças diversas. "Talvez a única página do evangelho que as pessoas leiam seja a sua vida", disse São Francisco em outro momento.

O livro dos Atos dos Apóstolos partilha sobre o testemunho dos apóstolos, de Maria e das primeiras comunidades cristãs. Não foi fácil tudo o que viveram depois da condenação de Jesus, em meio às perseguições e aos sofrimentos mais variados. Estava ainda muito presente na memória o testemunho de Jesus que foi capaz de doar a sua vida até o fim.

João Batista sublinhou que o testemunho de Jesus era "do alto" (Jo 3,31-36)! Jesus é o embaixador do Pai, ou seja, tudo o que ele fazia era o próprio testemunho, a representação das obras do Pai. Nessa linguagem entre tempo e eternidade, entre alto e baixo, o evangelho vai criando força e resistência, garantindo que Jesus é uma presença que não passa, pois seu testemunho permanece para sempre!

A meditação pode passar por este lugar: tenho sido um bom exemplo? Aquilo que falo é coerente com aquilo que faço? Tenho priorizado tempo para cuidar das relações com a família e com os amigos?

Configurar-se

"Eu sou o bom pastor" é a imagem utilizada por Jesus no evangelho (Jo 10,11-18). A tradução também poderia ser: "Eu sou o belo pastor!". Apesar de na língua grega "belo e bom" serem sinônimos, os termos indicam acentos diferentes – "bom" está mais ligado ao fazer, ao agir, enquanto "belo" está muito próximo ao ser, a um estilo. O fazer pode ser só exterior, uma máscara...; o ser está sempre mais próximo à identidade, ao que é original. Platão, antes de Cristo, dizia que "a beleza é manifestação da verdade". A beleza não pode ser reduzida a uma ornamentação ou a uma decoração!

A beleza do pastor é a beleza do amor, a verdade mais genuína de Jesus: conheço as ovelhas, dou a vida por elas! Só o amor é capaz de "entregar a vida", só o amor é capaz de compreender o dom, que sempre é uma tensão, um paradoxo, uma luta contra os impulsos egoístas e mesquinhos que nos habitam.

Nada é mais bonito que o amor, o amor gratuito que supera a troca, a negociação, a satisfação pessoal, a instrumentalização do outro. Trata-se do amor maduro, mais difícil, mais verdadeiro! É preciso manter os olhos fixos no "belo pastor" para não perder de vista a vocação à beleza a que todos somos chamados a responder, pelo nosso agir e, sobretudo, pelo nosso ser! O risco da feiura, ou seja, da distância da verdade e da originalidade daquilo que somos é uma tentação permanente! Dostoievski, conta a lenda, todos os anos peregrinava até a Alemanha para contemplar uma obra de Rafael Sanzio, *Madonna di San Sisto*, que chamava de "maior revelação do espírito humano". Era como uma terapia para não perder a esperança na humanidade. Ele repetia: "Seguramente não podemos viver sem pão, mas é impossível viver sem beleza".

Temos tudo, pão e beleza, no Pastor de Nazaré!

Moldar-se

"Ninguém vai arrancá-las da minha mão", disse Jesus ao ser confrontado pelos judeus, em Jerusalém, durante a festa da Dedicação do Templo (Jo 10,22-30). Eles não conseguiam "ouvir a voz" do pastor e, por isso, não acreditavam. Tinham escolhido a distância, as outras vozes, a força contrária a Jesus. O seguimento, não obstante o risco e as dificuldades, recebe uma promessa de futuro traduzida por Jesus como "dou-lhes a vida eterna", ou seja, é a vocação a uma vida maior, uma vida que é "mais vida", hoje, amanhã e para sempre!

As mãos do bom pastor são a nossa segurança! É como um ninho, um lugar da proteção, da consolação, do descanso. A vida espiritual é amadurecer a consciência de que tudo está nas mãos de Deus. Nosso risco é querer controlar tudo, planejar tudo, transformar tudo a partir de técnicas, de estudos e de esforços pessoais. Estar nas mãos é aprender a abandonar-se nas mãos, aprender a confiar a cada dia, a cada fracasso, a cara vitória, um pouco mais! Nesse aprendizado, também vamos nos dando conta das responsabilidades, do estilo de vida que vai sendo configurado, trabalhado, conformado pelas mãos do amor. Toda vida espiritual, todo abandono, nos molda profundamente e nos transforma em pessoas diferentes, melhores, porque compreendemos a vocação à "vida maior".

Os que estão nas mãos de Jesus não são perfeitos. O evangelho conta a história de traidores, de medrosos, de desconfiados, de quem nos momentos mais difíceis abandonou e se escondeu. Mesmo assim "ninguém vai arrancá-los". O amor sempre é insistente, não desiste, confia na fragilidade, na pequenez, naquela fresta de luz do meio da escuridão. Jesus não busca perfeitos, sua boa notícia é para pessoas normais, comuns, para quem é capaz de ser o que é, sem disfarces de grandiosidade. O amor é capaz de transformar tudo!

Shakespeare, no segundo ato de Romeu e Julieta traduz o mapa do amor: "Quanto mais te dou, mais tenho!". É o amor do pastor, é a promessa para quem aprender a amar!

Descobrir

Filipe talvez tivesse razão quando perguntou pra Jesus: "Senhor, mostra-nos o Pai, isso basta!". No fundo, buscava uma resposta, um ponto de chegada! É verdade que, aparentemente, seria mais fácil acreditar em um destino já traçado! No entanto, essa possibilidade não cabe no evangelho, porque fere o maior dom de Deus: a liberdade! Onde há destino, não há espaço para o discernimento, para as escolhas e até para o arrependimento.

Jesus disse no evangelho: "Eu sou o caminho, a verdade e a vida; ninguém vai ao Pai senão por mim!" (Jo 14,6-14). Não se trata de uma doutrina fechada, mas de um convite a caminhar e descobrir o caminho. A fé é essa porta que se abre para o lado de fora, para o lado da estrada, e que cada um, no seu tempo, é chamado a percorrer! Cada pessoa, em cada idade, na sua condição, é chamada a fazer um caminho para Jesus e com Jesus! Cada experiência é muito particular!

O grande convite é caminhar, caminhar do lugar onde estamos, caminhar com esperança! O poeta Charles Péguy, em um livro chamado O*s portais do mistério da segunda virtude*, escreveu: "Enche-me de admiração que aqueles pobres filhos vejam como vão as coisas e que acreditem que será melhor amanhã de manhã!".

Acreditar que amanhã será melhor, que as coisas podem mudar, que é preciso olhar para frente, abrir as janelas, calçar os tênis, é próprio de quem não desistiu do caminho, é próprio de quem entendeu o convite de Jesus! É o "passo a mais" que nem a inteligência artificial nem os algoritmos conseguem alcançar.

QUESTIONAR

Gregório Magno, Goethe, Dostoievski, Kafka, Camus e Jung são apenas alguns dos grandes clássicos que falaram sobre o livro de Jó. De fato, os quarenta e dois capítulos, no coração da Bíblia, inspiraram e inspiram uma multidão! O que fazer quando o sofrimento bate na porta da vida? O poeta Lamartine traduziu: "Jó não é um homem, é toda a humanidade!".

É impressionante o grito de Jó: "Maldito o dia que eu nasci e a noite em que eu fui concebido". Jó amaldiçoou todos! Mais do que perder o sentido da vida, de querer arrancar tudo, esse homem vive a tristeza de não querer ter nascido, de sentir-se abraçado pela desgraça!

Acontece que Jó, sendo um "homem íntegro e reto, que temia a Deus e se afastava do mal [...], o homem mais rico do oriente" (Jó 1,1-2), tinha perdido tudo: os dez filhos morreram, a família toda desapareceu, toda a sua riqueza se esvaiu e, por fim, também sua saúde: "Chagas malignas desde a planta dos pés até a cabeça" (Jó 2,7). É dessa situação que nasceu o grito de dor, de revolta, de luta contra a condição em que ele se encontrava.

O drama de Jó é o drama do sofrimento. De quem é a culpa? Por que sofrer? Melhor gritar ou silenciar? É curioso, porque o livro, na sequência, apresenta o diálogo entre Jó e três "amigos". Na verdade, trata-se de uma poesia que confronta Jó e as explicações de diferentes campos do conhecimento. Um deles defende uma resposta profética, outro, uma resposta jurídica e, outro ainda, uma resposta sapiencial. Mais do que as respostas que se podem ensaiar, a grande questão que o livro apresenta é a capacidade de fazer perguntas. O grito não busca uma resposta, ele mesmo é uma metáfora! Jó testemunha que se pode experimentar Deus "lutando" com Deus, perguntando e argumentando com Deus! Com Jó, certa experiência romântica de Deus não tem espaço!

É no final do livro que se encontra uma das expressões mais emblemáticas de Jó, uma profissão de fé de quem mergulhou em Deus de dentro do sofrimento: "Eu te conhecia só de ouvir falar, mas agora meus olhos te veem" (Jó 42,5). Jó antecipou o que a paixão, morte e Ressurreição de Jesus, o ápice do sofrimento humano, revelaram para a humanidade e ajudam a expandir o nosso olhar, os nossos murmúrios e as nossas infinitas reclamações diárias. Outrossim, Jó alarga a compreensão das diversas experiências de sofrimento, de luto, de perda, que são sempre muito pessoais e que precisam ser respeitadas, amadas e consoladas sem julgamentos.

Silenciar

O protoevangelho segundo Tiago, um texto apócrifo, escrito por volta de 150 d.C., conta um detalhe muito singelo do nascimento de Jesus. José e Maria estavam indo a Jerusalém para o recenseamento e aconteceu que na metade do caminho Maria começou a sentir as dores do parto. José, então, levou Maria para dentro de uma gruta e foi imediatamente à procura de uma parteira na região de Belém.

Assim é descrito o assombro de José enquanto ele procurava a mulher:

> Ao levantar os olhos para o espaço, pareceu-lhe que tudo estava parado. O firmamento encontrava-se estático e os pássaros do céu, imóveis. Na terra, viu um recipiente no chão e alguns trabalhadores ao redor dele, em atitude de comer, com as mãos na vasilha. Os que pareciam comer não mastigavam, e os que pareciam estar pegando comida não tiravam nada da tigela. Todos tinham os rostos voltados para cima. Também havia algumas ovelhas que estavam sendo tangidas, mas não davam um passo. O pastor se levantou para bater com o cajado, mas a sua mão parou no ar. No rio, os cabritos punham o seu focinho, mas

não bebiam. José se deu conta, então, de que Jesus tinha nascido.

O texto de Tiago registra que a encarnação está amarrada ao silêncio. Jesus nasceu do silêncio. É essa mesma experiência do Gênesis. O Verbo é quem inaugura o silêncio total. Jesus é o ponto de partida da nova criação, é a Palavra que dá sentido, o Verbo "feito carne".

O "sim" de Maria lembra a disposição, a abertura, a expansão de uma vida que soube ser dom em todos os acontecimentos (Lc 1,38). O "sim" de Maria é a porta de entrada para uma nova humanidade, cujo movimento é inaugurado pelo silêncio. A oração é o equilíbrio entre silêncio total e a palavra/vida bem dita! Deus nos ajude a caminhar por essa estrada!

Relacionar-se

O livro do Êxodo guarda uma imagem tremenda: durante um combate, Moisés subiu ao alto da colina e, enquanto tinha os braços erguidos, seus companheiros venciam a batalha, mas, quando cansava e abaixava, eles perdiam. Então alguns amigos de Moisés foram até ele e ajudaram-no a manter as mãos levantadas. Assim Israel venceu o combate até o fim (Ex 17,8-13).

Na contramão deste tempo impetuoso de egoísmo e de individualismo, essa imagem é fundamental: há momentos da vida que só sobrevivemos porque temos pessoas que estão conosco! Posso querer "me virar" sozinho, viver minha vida dentro de uma redoma, mas hora ou outra, mais cedo ou mais tarde, a diferença estará com aqueles que ajudam a "manter os braços erguidos".

Essa também é uma imagem da fé! Se a fé é um dom de Deus e a missão é comunicá-la no mundo, a fé só se torna integral quando vivida em abertura, no dinamismo do outro, no encontro com outras pessoas. Também a fé, hora ou outra, vai precisar da ajuda para "manter os braços erguidos". A comunidade é o melhor lugar para amadurecer a graça da fé!

A vida e a fé, entrelaçadas, são um mapa de relação! A relação também é um aprendizado, porque exigente, conflitiva, combativa, mas é ali que a chave vira, que descobrimos quem somos, que nossa identidade é desvelada no rosto do outro, e essa talvez seja uma das formas mais bonitas de "manter os braços erguidos".

É sempre provocadora a letra de *A lista* de Oswaldo Montenegro: "Faça uma lista de grandes amigos, quem você mais via há dez anos atrás, quantos você ainda vê todo dia, quantos você já não encontra mais...". Faz lembrar que na lista de uma história de vida não pode faltar a relação! O fechamento é uma ferida difícil de parar de doer, por mais que seja pintada com um verniz de felicidade!

Reiniciar

A conversão de São Paulo é convite a regressar para um dos maiores cristãos de todos os tempos. As tantas pesquisas não esgotaram a abundância do significado de Paulo, nos primeiros séculos, e de toda a herança do seu percurso como convertido, escritor, poeta, cidadão das estradas e incansável pregador do evangelho. Podem-se dizer muitas coisas sobre Paulo. Pensando na sua conversão, partilho três intuições que não deixam de ser itinerários espirituais:

1. A conversão de Paulo começa com um tombo. O tombo, no fundo, é a dobradiça de uma porta que se abre. Paulo encerra um estilo de vida e começa outro. Não se trata de outra vida, mas da mesma vida assumida como uma metamorfose. Toda mudança é exigente, e o tombo é a metáfora do susto, da dor, mas, ao mesmo tempo, do convite a levantar-se e a viver coisas novas. Os tombos são oportunidades para despertar, para abrir outro mapa da história.
2. Nos Atos dos Apóstolos (At 22,3-16), a experiência de conversão de Paulo é narrada assim: "Uma grande luz que vinha do céu brilhou ao redor de mim". Paulo sempre deixou aberta a janela da sua história para

Deus e isso o fez passar de perseguidor dos cristãos a um verdadeiro cristão. A abertura à graça, à luz, a deixar-se rodear por Deus é uma epifania que vai acontecendo no cotidiano; basta abrir espaço para que isso aconteça. Mais tarde, ele mesmo registrou: "Basta a tua graça" (2Cor 12,8).
3. O compromisso que Deus pediu a Paulo foi de ir a Damasco encontrar Ananias. Trata-se de iniciar um caminho! A mudança não é mágica, mas precisa de itinerários e de interlocutores: "Cheguei guiado pela mão dos meus companheiros". A vida espiritual nunca se faz sozinha. São necessárias "mãos", "pés", "Ananias", gente como a gente, que ajuda na mediação de uma vida nova. Mia Couto escreveu que "ninguém tem ombro para suportar sozinho o peso de existir".

A pergunta que abre a conversão de Paulo é: "O que devo fazer, Senhor?". Não há uma resposta única, não há uma receita única, mas há um convite que continua aberto para todos. O que devo fazer entre os tombos, as luzes e as mãos que me rodeiam?

Contemplar

Uma das indicações de São Carlos Borromeu é, precisamente: "Foge, tanto quanto possível, das distrações". O Cardeal Tolentino, citando os Padres do Deserto, diz que "o maior de todos os pecados é a distração. A atenção é a atitude espiritual mais importante". E a atenção não significa uma vida sem graça, escassa de surpresas e de novidades. A atenção é tomar consciência de que a vida é muita coisa e não pode ser só uma repetição mecânica.

A excessiva busca de informações, de imagens, de ruídos, imediatamente ligada à dificuldade de distanciar-se do celular, de libertar-se das redes sociais, de desligar a televisão para conversar com a família, de priorizar um encontro, de diminuir os grupos de *WhatsApp*, são algumas das tantas distrações em que estamos mergulhados. É a atenção, como atitude espiritual, que pode ajudar a equilibrar os excessos no rumo de uma vida mais moderada.

Até a distração, entendida como saída da normalidade, como tempo de fazer coisas diferentes, precisa ser acompanhada da atenção. Distraídos, podemos sempre achar justificativas de que "distrair-se faz bem". A distração vicia, acorrenta, domina, tira o foco do cotidiano e das coisas simples, das relações mais queridas, da fidelidade, da promessa, e as grandes utopias podem ficar reduzidas a um *slogan* sem sentido.

A atenção é um convite à espiritualidade integral, à valorização do silêncio, a uma vida mais simples e mais aberta, ao valor da amizade e das relações. Vencer a distração é vencer os murmúrios grosseiros, as palavras soltas sem direção, a agressão gratuita, o mecanicismo de quem sempre repete as mesmas coisas.

Iluminar

A primeira fala de Deus no Gênesis é: "Faça-se a luz!". Se essa é a primeira palavra, poderíamos dizer que iluminar é a vontade inaugural de Deus! O psicanalista e estudioso de Lacan Massimo Recalcati, ao aproximar a Palavra de Deus e a psicanálise, sublinha que a luz criadora vem carregada de pluralidade: "É somente por meio da luz da palavra que a pluralidade pulsante da vida aparece no horizonte aberto entre o céu e a terra". A luz é um mapa que exalta o diferente, que organiza o caos da escuridão!

Em uma espécie de contradição à luz, a Sagrada Escritura apresenta a "noite" como a escolha do caos, da distância de Deus. Quando na última ceia, depois de lavar os pés dos discípulos, Jesus anunciou que seria traído, ativando a reação de Judas, o trecho se encerra afirmando: "Era noite" (Jo 13,30). Depois da terceira negação de Pedro, quando este estava com medo de ser condenado junto com Jesus, se lê: "O galo cantou" (Jo 18,27). Também a traição é obra da noite! É dentro dessa arquitetura simbólica que ganha outro sentido a afirmação de Jesus: "Eu sou a luz" (Jo 8,12).

O último capítulo do livro do Apocalipse (22,1-7) retorna para a luz, por meio da profecia: "Não haverá mais noite!". Tudo começa com a luz e tudo converge para a luz!

Muito embora as nossas escolhas diárias, como as de Judas e as de Pedro, possam refletir o quanto "a noite" pode ser forte, a luz é o nosso lugar, é o lugar da fé, é o convite a superar a tentação da escuridão e a abrir os olhos!

Habitar

~~~

Jesus, no evangelho, apresenta outro grande convite: "Não se perturbe o vosso coração. Tende fé em Deus, tende fé em mim também. Na casa de meu Pai há muitas moradas" (Jo 14,1-6). O contexto é da despedida de Jesus, do abandono de alguns que o seguiam, da tensão com o risco da continuidade da missão. Continua viva, porém, a promessa: "A fim de que, onde eu estiver, estejais também vós". O "lugar" para onde Jesus convida a viver a fidelidade não é um lugar, mas um estilo, uma forma de viver! A "morada" do Pai é a vida divina, é viver o estado de filhos e filhas amados, o lugar onde o coração encontra o verdadeiro sentido. Habitar a "morada do Pai" é habitar a vida divina, o amor primeiro, que cada criatura porta consigo por meio do sopro do Espírito Santo. É, no fundo, ser o que se é, olhando para Jesus, modelo de verdadeiro ser humano!

Tornar-se "um" em Deus, habitar a vida divina, é a maior exigência espiritual. Essa unidade, a mesma que Jesus viveu – "eu e o Pai somos um" –, precisa ser o mapa de uma busca contínua, da oração sincera, do expandir a vida cotidiana, da generosidade em contribuir para que os outros vivam mais, especialmente quem tem a vida ameaçada. "Caminho, verdade e vida", neste caso, não são conceitos doutrinais, mas uma estrada, um aprender a tirar as sandálias e respirar o mesmo hálito do Pai.

No Paraíso, terceiro livro da *Divina comédia*, Dante usa a categoria *indiarsi*, ou seja, "aproximar-se", "ser junto", para traduzir a forma de comunhão total com Deus. É nessa comunhão que "se pode estender o futuro" (XVII, 98), porém, apenas por meio de Beatriz, o grande amor de Dante: "Aquela que me faz tocar o céu (a vida divina) com o dedo" (XVIII, 3). Sem o amor, não conseguimos!

Fecundar

O pintor francês Jean-Marie Pirot, também conhecido como Arcabas, tem uma arte bastante particular chamada *Le Soleil dans le ventre* ("sol no ventre"), de 1984. A tela em diversos tons de azul apresenta Maria grávida, entre pombas, em alusão ao Espírito Santo. Tudo é iluminado pelo sol que nasce do seu ventre e é acariciado amorosamente. A parte inferior ao ventre sugere a cor da terra, as pernas que sustentam o ventre, como um botão pronto a florescer: em Maria, o céu e a terra se encontram e jamais poderão ser separados, por causa de Jesus Cristo!

Outro elemento, porém, é fascinante: atrás de Maria há uma estranha cadeira que evoca o símbolo do DNA, o elemento-base da vida. Maria é a fonte, o fundamento da vida de Jesus e de toda a humanidade. Jesus Cristo é o doador da vida, aquele que entrega tudo por amor! O símbolo do DNA forma a vida recebida e a vida doada que só podem ser verdadeiras quando vividas no amor.

"Eu sou a videira, e vós sois os ramos", disse Jesus (Jo 15,1-8). Participamos da mesma vida de Deus, nosso DNA está atravessado pela vida divina. Abrir-se à circulação dessa seiva, deixar-se iluminar nesse sol, é uma tarefa e uma responsabilidade para produzir mais frutos, ou seja, transformar a vida recebida em excesso de vida. De fato, "aquele que permanece em mim produz muito fruto!".

No final da *Divina comédia*, no Paraíso, Dante canta a Maria:

> Em teu ventre o amor foi reunido,
> para cujo calor, na eterna paz,
> assim germinou esta flor (XXXIII, 1).

A fecundidade da nossa vida é proporcional ao quanto iluminamos ou quanto ofuscamos a vida, a partir da vida divina que habita em nós!

Permanecer

Se vivemos da seiva divina – qual ramos ligados à videira –, um dos maiores desafios é continuar nessa intimidade: "Permanecei no meu amor", diz Jesus no evangelho (Jo 15,9-11). Permanecer é durar, é demorar! Permanecer está na contramão do mundo acelerado e das relações líquidas, tantas vezes reduzidas aos impulsos e desejos de satisfação pessoal.

A escola do evangelho recorda que todo amor nasce, cresce e amadurece das relações. De outra maneira, o amor é fruto da forma, do conteúdo daquilo que fazemos a cada dia. Amor não é um ou outro gesto, é a tensão entre o percurso e a soma de tudo o que somos.

Um dos mais respeitados teólogos do nosso tempo, Tomáš Halík, escreveu que "Deus, talvez, esteja menos interessado em saber se acreditamos nele do que se o amamos!". Para ele, o contrário do amor é o medo! A fé não cresce do medo, mas do amor! É sempre uma brisa suave aquela que é uma das mais emblemáticas expressões da mística de São João da Cruz: "No entardecer da vida seremos julgados pelo amor!". A pergunta que sintetiza tudo é: com quanto amor vivemos?

De fato, podemos contar toda a nossa vida pelo amor que dispensamos e pelo amor que guardamos, que reduzimos.

O amor é uma biografia! É verdade que existem "amores" diferentes – pela família, pelos filhos, pelo namorado, pela esposa, pelo trabalho, pelo time de futebol. O amor que o evangelho traduz é aquele que sabe ser dom, amor gratuito, sem interesse, reconciliador e com conteúdo de estrada, de sandália, capaz de alcançar até os inimigos.

Esse é o amor que cura tudo, não obstante os ferimentos. "Eu ponho o amor no pilão com cinza e grão de roxo e soco. Piso ele, faço dele cataplasma e ponho sobre a ferida", foi a forma da poetisa Adélia Prado traduzir o remédio que só o amor alivia!

Rezar

Rezar por alguém é uma forma de bem-querer! Todo capítulo 17 do evangelho segundo João é uma grande oração de Jesus ao Pai pela humanidade! Jesus vivia o momento da sua entrega total! Para além do medo da condenação, preocupava-se com a continuidade da missão dos seus discípulos. É do meio dessa situação de tensão que brotou a prece, um pedido ao Pai para guardar aquelas pessoas. A fé nunca está distante da vida!

Jesus rezou pela unidade! A divisão não é projeto do evangelho: "Que sejam um!". A unidade só pode ser entendida no encontro dos diferentes. Unidade não é uniformidade, ou seja, unidade não é pensar e agir da mesma maneira. A unidade sugerida por Jesus é de que cada um, com a sua identidade, possa conviver com outros sem ataques e sem ódio! É preciso encontrar os pontos de contato que são sempre maiores do que as razões do afastamento.

Jesus rezou também para que o Pai proteja a humanidade do mal: "Os guarde do maligno". O império da maldade continua forte! O mal tem rosto de perseguição, de difamação, de raiva, de inveja, de mentira, de injustiça. Os seguidores de Jesus são os chamados a superar o mal com a potência do bem e dando testemunho da unidade.

Ainda, Jesus rezou para que seus seguidores fossem sempre comprometidos com a verdade: "Santifica-os na verdade!". A verdade, nesse caso, não é um conceito filosófico, mas uma forma de abrir os olhos, de compreender a ação de Deus na história, de ler e aprofundar os sinais dos tempos sem o risco de manipulação na direção das minhas verdades. A mentira é a contradição do evangelho!

Santo Agostinho, sobre a Igreja, dizia que "continua o seu peregrinar entre as perseguições do mundo e as consolações de Deus" (cf. LG 8). É inspirador rezar com o evangelho que de dentro da preocupação é possível nascer uma prece! É certo que a oração não é uma máquina de resolver problemas, mas ela sensibiliza o coração, a mente e o corpo para assumir tudo de um jeito diferente!

Ultrapassar

A filosofia de Heidegger diz que a angústia é uma disposição fundamental para o ser humano descobrir quem ele é, de reencontrar consigo mesmo. A angústia é um despertador da finitude, uma chamada de atenção para o fim. É interessante porque, acompanhando o evangelho segundo João, Jesus insiste em encorajar os discípulos a atravessarem a angústia da morte: "A vossa tristeza se transformará em alegria" (Jo 16,20-23).

Perder alguém que amamos é muito difícil! Tristeza e angústia se confundem. Jesus, no entanto, abre a gramática da Ressurreição por meio de um novo verbo no futuro: "Se transformará!". A morte não é o fim, mas uma passagem, uma transformação! A angústia é atravessada pela boa notícia da Páscoa! A imagem que Jesus utilizou para explicar aos discípulos é muito bonita: uma mulher em trabalho de parto. A dor, o sofrimento, o medo dará lugar a uma alegria desmedida.

A vida espiritual também precisa ser desenhada dentro do mapa da Páscoa. É verdade que a tendência é querer uma espiritualidade "bonitinha", "cheirosinha", "gourmetizada", com toda a "positividade" possível. No entanto, a "vida nova", o estilo de vida pascal, assinalado por Jesus, é gerado de dentro das tensões da vida, dos desencontros, de contextos injustos, de realidades incoerentes, de conflitos e de divergências que podem se tornar potência de transformação.

Não se trata de um elogio ao sofrimento, mas da maturidade de enfrentar e gerar vida nova a partir das angústias que o mundo coloca na nossa frente ou que são frutos das nossas escolhas. Depois que os discípulos viram Jesus ressuscitado, de fato, "encheram-se de alegria" (Jo 20,20). Mais adiante, segundo os Atos dos Apóstolos, por onde os discípulos passavam "havia grande alegria" (8,8). A Páscoa transforma tudo!

Ascender

A ascensão do Senhor ilumina experiências como da orquestra italiana, com sede em Milão, chamada *Esagramma* (hexagrama), que foi criada pelo professor de Teologia Moral e musicista Pierangelo Sequeri. Trata-se de uma orquestra formada por crianças e adultos com autismo, síndrome de Down, psicose infantil, deficiência intelectual...

O que se pode assistir é a soma de pequenos milagres: alguns que não sabem ler decoram a partitura; outros, que tem dificuldade de desenvolver o pensamento, permanecem concentrados por mais de duas horas de concerto. O programa aposta na sinfonia a partir das relações, do cuidado afetivo e emocional. Daí vem o nome: *hexagrama* é a "linha a mais" da tradicional pauta musical formada pelo pentagrama (cinco linhas). O excesso é a experiência em que ninguém precisa ficar de fora, onde a complexidade é acessível, onde cada encontro tem a potência de salvar.

A Ascensão de Jesus, de fato, é o salto, é a linha a mais, é o excesso dentro da normalidade! Não pode, no entanto, ser compreendida como uma mágica, porque ela está fundada na encarnação, na descida, no ventre de Maria, nas estradas de Nazaré, na missão pela Galileia, na cruz e na Ressurreição. Jesus Cristo é elevado ao céu depois de lavar os pés dos discípulos, depois da última ceia, depois de doar-se integralmente. A Ascensão é um ponto de chegada que não deixa de ser um ponto de partida: a comunhão com o Pai que é capaz de gerar mais vida. Onde há o perigo de diminuir, a Ascensão é a potência que rompe, que grita eternidade.

A *Esagramma* é uma antecipação do céu! Não pela perfeição na harmonia musical, mas porque toda possível limitação é acolhida e integrada. A surdez, a mudez, a dificuldade de movimentação, a agitação, tudo é abrigado em caminhos de reabilitação, na companhia da música. Acompanhando essa experiência, é possível tatear, ainda melhor, aquilo que Jesus disse no final do evangelho: "Eu estarei convosco, todos os dias, até o fim do mundo" (Mt 28,16-20).

Incendiar

~~~

Os Padres do Deserto foram um dos grupos que viveu o cristianismo com mais radicalidade nos primeiros séculos depois de Cristo, habitando em pequenas cabanas, retiradas, no meio do deserto. Uma vida dedicada à oração e ao trabalho. De tempos em tempos, visitavam-se, também como forma de acompanhamento espiritual. Em um desses encontros, Abba Lot perguntou a Abba José: "Abba, eu rezo todos os dias, recito o ofício, jejuo, purifico os meus pensamentos do pecado, vivo em paz. O que me falta fazer?". Abba José, então, ergueu os braços ao céu, e seus dedos pareciam dez pequenas lamparinas. Em seguida, disse: "Se quiser, você pode se tornar inteiro de fogo!"[2].

É potente essa imagem: tornar-se inteiro "de fogo". Fazer tudo "com fogo". A vida cristã é acolher e viver "o fogo" de Jesus Cristo, a vida divina, o Espírito Santo. Parece ser uma vida sempre igual, mas é infinitamente diferente. De fato, no dia de Pentecostes, aos discípulos reunidos "apareceram línguas como de fogo que se repartiram e pousaram

---

2. Cf. <https://iconandlight.wordpress.com/2020/06/16/abba-joseph-said-to-abba-lot-you-cannot-be-a-monk-unless-you-become-like-a-consuming-fire/>. Acesso em 04 mar. 2024. (N. do E.)

sobre cada um deles. Todos ficaram cheios do Espírito Santo" (At 2,3). Esse acontecimento não é um ilusionismo! O "fogo" tornou-se a capacidade daquelas pessoas tomarem consciência que poderiam fazer coisas que jamais poderiam imaginar: "Começaram a falar em outras línguas" (At 2,4). O medo e a vergonha (o peso do primeiro pecado de Adão e Eva) são reconciliados, visitados e salvos no Espírito Santo com a nova missão da comunidade cristã: traduzir e comunicar o Senhor a partir "do fogo".

Aqui está o início de tudo: o Pentecostes! Tem um antes e um depois de Pedro, de João, de Madalena, da samaritana e de tantos outros que é o "antes do fogo" e o "depois do fogo". O "fogo" é a integração dos pedaços, das fraturas que nos habitam! O fogo é a potência de "colar" o humano e o divino! O fogo é a eficácia de tornar tudo "uma coisa só". Cada pessoa, acolhendo "o fogo", é habitação de Deus! A vida nunca mais será a mesma! No fundo, o Espírito Santo é Cristo, desde sempre e para sempre! É a Páscoa sem fim!

Referências bibliográficas

ALIGHIERI, Dante. *Convívio*. São Paulo: Companhia das Letras, 2009.

_____. *Divina comédia*. Rio de Janeiro: Estampas, 1918.

BALTHASAR, Hans Urs Von. Dante. *Viaggio attraverso la lingua, la storia, il pensiero della Divina Commedia*. Brescia: Morcelliana, 1973.

BARROS, Manoel de. *Poesia completa*. Lisboa: Relógio D'Água, 2016.

BÍBLIA DE JERUSALÉM. São Paulo: Paulinas, 1985.

BONHOEFFER, Dietrich. *Discipulado*. São Paulo: Mundo Cristão, 2016.

_____. *Vida em comunhão*. São Paulo: Mundo Cristão, 2022.

BLANCHOT, Maurice. *Thomas l'Oscuro*. Milano: Il Saggiatore, 2023.

BORGES, Jorge Luis. *Elogio da sombra*. Porto Alegre: Editora Globo, 1970.

BUBER, Martin. *Eu e tu*. São Paulo: Centauro, 1974.

CAMUS, Albert. *La morte felice*. Milano: Bompiani, 2018.

CARROLL, Lewis. *Alice. Aventuras de Alice no país das maravilhas*. Rio de Janeiro: Zahar, 2010.

CHARDIN, Teilhard de. *O meio divino. Ensaio de vida interior*. Petrópolis: Vozes, 2014.

_____. *Em outras palavras*. São Paulo: Martins Fontes, 2015.
CLAUDEL, Paul. *A anunciação a Maria*. Cascais: Lucerna, 2006.
_____. *A morte de Judas e o ponto de vista de Pôncio Pilatos*. Lisboa: Sistema Solar, 2022.
CLÉMENT, Olivier. *Le feste cristiane*. Magnano: Qiqajon, 2000.
CONCÍLIO ECUMÊNICO VATICANO II, Constituição dogmática *Lumen Gentium*, 21 nov. 1964, in: AAS 57 (1965).
COUTO, Mia. *Um rio chamado tempo, uma casa chamada terra*. São Paulo: Companhia das Letras, 2016.
DOLTO, Françoise. *Os evangelhos à luz da psicanálise*. Rio de Janeiro: Verus, 2011.
DOSTOYEVSKY, Fyodor. *O idiota*. São Paulo: Montecristo, 2018.
ECKHART, Mestre. *Conselhos espirituais*. Petrópolis: Vozes, 2016.
FAUSTI, Silvano. *Il futuro è la Parola*. Casale Monferrato: Piemme, 2000.
FROSINI, Giordano. *Ildegarda di Bingen. Una biografia teologica*. Bologna: EDB, 2017.
GOETHE, Johann Wolfgang von. *Fausto*. São Paulo: Autêntica, 2023.
GUARDINI, Romano. *Introdução à vida de oração*. São Paulo: Cultor de Livros, 2018.
HALÍK, Tomáš. *Toque as feridas. Sobre o sofrimento, confiança e a arte da transformação*. Petrópolis: Vozes, 2016.
_____. *Paciência com Deus. Oportunidade para um encontro*. São Paulo: Paulinas, 2015.
HILLESUM, Etty. *Cartas. 1941-1943*. Lisboa: Assírio & Alvim, 2009.

_____. *Diário. 1941-1943*. Lisboa: Assírio & Alvim, 2020.
JOÃO PAULO II. Carta encíclica *Veritatis Splendor*. São Paulo: Loyola, ⁵1993.
KAZANTZÁKIS, Níko. *A última tentação de Cristo*. Rio de Janeiro: Rocco, 1988.
_____. *Ascese. Os salvadores de Deus*. São Paulo: Ática, 1997.
LACAN, Jacques. *Escritos*. Rio de Janeiro: Jorge Zahar, 1998.
LEVI, Primo. *Se isso é um homem*. Porto Alegre: Dom Quixote, 2013.
LISPECTOR, Clarice. *A paixão segundo G. H.* Rio de Janeiro: Rocco, 2009.
LOPES, Teresa Rita. *Pessoa por conhecer. Roteiro de uma expedição*. Lisboa: Estampa, 1990.
LOYOLA, Inácio. *Exercícios Espirituais*. São Paulo: Loyola, 1980.
MANZONI, Alessandro. *I Promessi Sposi*. Cinisello Balsamo: San Paolo, 2023.
MARCOLINI, Marina; RONCHI, Ermes. *A esperança que nasce da Palavra. Comentários à Liturgia da Palavra, Ano B*. Lisboa: Paulinas, 2014.
MARCEL, Gabriel. *Homo Viator*. Roma: Borla, 1980.
MENDONÇA, José Tolentino. *Rezar de olhos abertos*. Lisboa: Quetzal, 2020.
_____. *Pai Nosso que estais na terra. O Pai-Nosso aberto a crentes e não crentes*. São Paulo: Paulinas, 2013.
MERTON, Thomas. *Novas sementes de contemplação*. Petrópolis: Vozes, 2017.
NOUWEN, Henri. *Caminho do coração. A espiritualidade dos padres e madres do deserto*. Petrópolis: Vozes, 2014.
O'MALLEY, Seán. *Procura-se amigos e lavadores de pés*. Lisboa: Paulinas, 2019.

ORTEGA Y GASSET, José. *A rebelião das massas*. Campinas: Vide Editorial, 2016.
OVÍDIO. *Metamorfoses*. São Paulo: Editora 34, 2017.
PAPA FRANCISCO. Exortação apostólica *Amoris Laetitia*. São Paulo: Loyola, 2016.
_____. Exortação apostólica *Evangelii Gaudium*. São Paulo: Loyola, ²2014.
_____. Exortação apostólica *Gaudete et Exultate*. São Paulo: Loyola, 2018.
PAPINI, Giovanni. *I racconti*. Firenze: Clichy, 2022.
PÉGUY, Charles. *Os portais do mistério da segunda virtude*. Lisboa: Paulinas, 2014.
PIRANDELLO, Luigi. *O falecido Mattias Pascoal*. Rio de Janeiro: Abril, 1972.
PRADO, Adelia. *Reunião de poesia*. São Paulo: Record, 2013.
RECALCATI, Massimo. *La luce delle stelle morte. Saggio su lutto e nostalgia*. Milano: Feltrinelli, 2022.
_____. *La legge della parola. Radici bibliche della psicoanalisi*. Torino: Einaudi, 2022.
_____. *Le mani della madre. Desiderio, fantasmi ed eredità del materno*. Milano: Feltrinelli, 2016.
RILKE, Rainer Maria. *Cartas a um jovem poeta*. Porto Alegre: L&PM, 2006.
_____. *Elegias de Duíno*. São Paulo: Companhia das Letras, 2013.
_____. Carta a Lotte Hepner, 8 de novembro de 1915. In: *Materialien zu Rainer Maria Rilkes "Duineser Elegien"*. Frankfurt am Main: Suhrkamp, 1980.
ROSA, João Guimarães. *Grande sertão. Veredas*. São Paulo: Companhia das Letras, 2019.

SARAMAGO, José. *O conto da ilha desconhecida*. São Paulo: Companhia das Letras, 1998.
SHAKESPEARE, William. *Hamlet*. Porto Alegre: L&PM, 2019.
_____. *Romeu e Julieta*. Porto Alegre: L&PM, 1998.
SILESIUS, Angelus. *Moradas*. Goiânia: Martelo, 2017.
TERESA D'ÁVILA. *Obras completas*. Lisboa: Paulinas, 2018.
THEOBALD, Christoph. *Lo stile della vita cristiana*. Magnano: Qiqajon, 2015.
TUROLDO, David Maria. *Cercate la pace*. Roma: Castelvecchi, 2023.
TWARDOWSKI, Jan. *Affrettiamoci ad amare*. Bologna: Marietti, 2009.
VANNUCCI, Giovanni. *Meditazioni cristiane*. Milano: Gribaudi, 2013.
VERDI, Luigi. *Rifiorire*. Pratovecchio Stia: Edizioni Romena, 2022.
VIRGILI, Rosanna. *Il corpo e la Parola*. Magnano: Qiqajon, 2020.
WEIL, Simone. *O enraizamento*. Belo Horizonte: Âyiné, 2022.
_____. *Espera de Deus*. Petrópolis: Vozes, 2019.
_____. *Pensamentos desordenados sobre o amor de Deus*. Petrópolis: Vozes, 2021.
WIESEL, Elie. *A noite*. Rio de Janeiro: Ediouro, 2006.

Edições Loyola

editoração impressão acabamento
Rua 1822 nº 341 – Ipiranga
04216-000 São Paulo, SP
T 55 11 3385 8500/8501, 2063 4275
www.loyola.com.br